早稲田教育叢書 44

# 「古典探究」の漢文関連教材をめぐる実践と研究

堀 誠 編著

学文社

# はじめに

二〇一八年告示「高等学校学習指導要領」により二〇二三年四月にスタートした国語科目「古典探究」（選択科目、標準四単位）の教材をめぐって、改訂の眼目となった「日本漢文」や「近代以降の文語文や漢詩文、古典についての評論文など」に着眼し、教育実践の観点から教科と教材の位置づけと養成される力に俯瞰的な分析・考察を加え、教学の方法や補助的教材等の提案を含めた教場に役立つ内容・構成の一冊として企図したものである。

「古典探究」は、小・中学校の「国語」・高等学校の「言語文化」により涵養された「伝統的な言語文化に関する理解」をより深め、古典に親しみ先人のものの見方・感じ方・考え方に接して各自の思考を向上させる意味をもつ。国際化や情報化が急速に進展する中で、外国の文化との関係や古典への関心を拓くことの重要性をも念頭に置きつつ、四つの方向から全体を構成した。

第一部　採択教材の動向
第二部　教材の実践と課題
第三部　教材・指導の探究と問題点
第四部　補助教材等の提案

部会員の多くは、二〇二一～二〇二二年度の「言語文化」（共通必履修科目、二単位）に関する研究部会の活動にも参画しており、その成果をも踏まえた重層的な視点を有する考察になっていれば幸いである。

二〇二四年九月

部会主任　**堀　誠**

# 目次

## 第二部　教材の実践と課題

## 第四部　補助教材等の提案

# 第一部　採用教材の動向

# 第一章

## 「古典探究」教科書の漢文教材をめぐって

堀　誠

### 一、「古典探究」における「日本漢文」の教材について

二〇一八年告示の『高等学校学習指導要領』によって「現代の国語」「言語文化」（各二単位）の共通必履修科目と「論理国語」「文学国語」「国語表現」「古典探究」（各四単位）の選択科目に再編された高等学校国語科目（二〇二二年度より年次進行実施）の中で、「古典探究」（二〇二三年度実施）は、「共通必履修科目「言語文化」により育成された資質・能力のうち、「伝統的な言語文化に関する理解」をより深めるため、ジャンルとしての古典を学習対象とし、古典を主体的に読み深めることを通して伝統と文化の基盤としての古典の重要性を理解し、自分と自分を取り巻く社会にとっての古典の意義や価値について探究する資質・能力の育成を重視して新設した選択科目である。」と説明される。（『高等学校学習指導要領（平成三十年告示）解説国語編』（平成三十年七月）第2章第6節「古典探究」1「性格」）

『高等学校学習指導要領』第2章第1節「国語」第2款「各科目」第6「古典探究」の3「内容の取扱い（3）」

に示される「教材」の留意事項「ア」に次のようにある。

ア 内容の〔思考力、判断力、表現力等〕の「A読むこと」の教材は、古典としての古文及び漢文とし、日本漢文を含めるとともに、論理的に考える力を伸ばすよう、古典における論理的な文章を取り上げること。また、必要に応じて、近代以降の文語文や漢詩文、古典についての評論文などを用いることができること。

ここに示される〔思考力、判断力、表現力等〕の「A読むこと」の教材に関して、『高等学校学習指導要領（平成三十年告示）解説国語編』は、第2章第6節「古典探究」の4「内容の取扱い」の中で、「古典としての古文及び漢文」が「近世までに書かれた古文と漢文のことである。」と明記し、そこに含める「日本漢文」についても、「上代から近世に至るまでの間に日本人がつくった漢詩と漢文とをいう。」と記すとともに、

これは本来、古典としての漢文に含まれるものである。我が国の文化において漢文が大きな役割を果たしてきたことや、日本人の思想や感情などが、漢語、漢文を通して表現される場合も少なくなかったことなどを考え併せると、日本漢文の適切な活用を図る必要があり、ここで改めて示している。

と、その教材としての意味合いを説く。同時に、「論理的に考える力を伸ばすよう、古典における論理的な文章を取り上げること。」についても、従来の「古典を読む学習では、教材として文学的な文章を重視する傾向がある。」との認識に立って、

例えば、古文の歌論や俳論などの評論、漢文の思想など、論理的に考える力を伸ばすため、教材としてふさわしい古典における論理的な文章も存在する。これらを、古典としての古文及び漢文の教材として取り上げることを示している。

と解説するのは、「文学」と「論理」の二項対立的な科目をめぐる問題も絡んでいるように考えられる。また、「必要に応じて、近代以降の文語文や漢詩文、古典についての評論文などを用いることができること」にも、

必要に応じて用いることができることとしていることから、指導のねらい、生徒の興味・関心、指導の段階や時期などに配慮し、親しみやすく効果的なものを用いることが大切である。

と弾力的である。「近代以降の文語文や漢詩文」に関しても、時代的な範囲では古典に含まれないが、近代以降にあっても、古典の表現の特色を継承した優れた作品などがある。

と、「古典としての古文及び漢文」を「近世までに書かれた古文と漢文」とする時代的な枠組みを踏み越えることに配慮した説明を加え、「古典についての評論文など」についても、近代以降の文章にも、古典の翻案などのほか、古典の魅力や現代的な意義などを平易な言葉で記した解説は多く、指導の段階や時期などに配慮し、親しみやすく効果的なものを適切な分量で教材として扱うことで、古典の作品や文章の価値について考察すること、言語文化の変遷についての理解を深めること、古典についての興味や関心を広げることなどに資することができるためである。

と、古典の翻案や解説などがもつ古典の価値や言語文化の変遷および古典への興味関心を広げる意味を説く。

次いで、『高等学校学習指導要領』第2章第1節第2款第6「古典探究」の3「内容の取扱い」（3）に示される「教材」の留意事項「イ」の、

イ　内容の〔思考力、判断力、表現力等〕の「A読むこと」の（2）に掲げる言語活動が十分行われるよう教材を選定すること。

に関しては、

教材の選定に当たっては、古典に親しむ態度を育成すること、読むことの能力を育成すること、我が国の伝統的な言語文化に対する理解を深めることをねらいとして、生徒の発達の段階や国語の資質・能力の程度、興味

や関心などに配慮し、適切な古典の作品や文章などをバランスよく取り上げることが大切である。と、古典に親しむ態度や読む能力の育成、伝統的な言語文化への理解のための教材のバランスが説かれるとともに、そのためには、古文と漢文の作品や文章の両方にわたって、適切に選定する必要がある。その際、古文には、和歌、俳諧、物語、随筆、日記、説話、浮世草子、能、狂言、評論など、漢文には、思想、史伝、詩文など、多種多様な種類の作品や文章があることに留意する必要がある。

古典としての古文と漢文の双方にわたる選定と多種多様な教材が存在することへの配慮も指摘される。

さらに同上の「教材」の留意事項「ウ」の、

ウ　教材は、言語文化の変遷について理解を深める学習に資するよう、文章の種類、長短や難易などに配慮し適当な部分を取り上げること。

に対しては、「言語文化の変遷について理解を深める」ことの意味について、

例えば、『古事記』や『万葉集』など漢字のみを用いて表記された作品から、仮名文字が用いられるようになった作品へといった文字表記の変遷、女性文学から隠者文学、庶民文学へといった文学の担い手と思潮の変遷などを理解したり、軍記物語の文体に漢文訓読の影響を見いだしたり、俳諧の学習においてその成立に至るまでの和歌、連歌の歴史を通観したりというように、読むことの学習と関連して言語文化の変遷について理解を深めるということを示している。

言語文化の変遷に関わる理解を深めることが示される一方、「文章の種類に配慮する」とは、

文章の種類や類型、形態に偏りなく、幅広い範囲で教材を取り上げることで、古典の多様な世界に触れさせるということである。

とし、「長短や難易などに配慮する」ことについても、

短く平易なものがよいということではなく、ある程度まとまった量の教材を読むことで、古典を読む能力が養われるという側面もあることを踏まえている。古典を読む資質・能力を養うためには、生徒の発達の段階や指導の時期に即応して、長短難易様々なものをバランスよく取り上げ、その配列を工夫するなどの配慮が必要である。

と、バランスと配列の工夫が求められることを提言している。

研究部会「新高等学校国語科目「古典探究」の教材研究」（二〇二三年度〜二〇二四年度採択）は、この「古典探究」の漢文教材を中心に現職の人々の協力も得て多角的に研究活動を展開してきている。その活動の成果として、ここでは「古典探究」の特に「日本漢文」教材の掲載方法をめぐって考察を試みたい。

## 二、「日本漢文」の掲載方法について

二〇二三年度に使用開始となった「古典探究」の教科書は、『高等学校用教科書目録（令和五年度使用）』（令和四年四月、文部科学省）によって検定済教科書が十四種・二十二点であり、出版社は九社であることが分かる。これは令和六年度も同様である。

それらの教科書を一覧する時、今次の改訂における眼目でもあった「日本漢文」に関してはどのような教材がどのように採用されているのかが気になるところである。この編纂・編集に関わる観点に立ってみると、その掲載の方法は、対象となる「日本漢文」の作品を、一つには「日本の漢詩文」「日本人の漢詩文」「日本の漢文」といったタイトルのもとに集約する方法や、ジャンル等による単元の中で中国の作品と日本の作品とを区分して採り上げる方法等が行われる。その一方で、同じ単元の中に中国と日本の作品を混淆させる方法も認められる。編纂の方法は

およそ上記のように分別されることが分かるが、取り上げる「日本漢文」の作品数は編集方針によって点数に多寡の差も認められる。

以下には、具体的に教科書を一覧してみたい。

### (一)「日本漢文」をまとめて取り上げる教科書

◎三省堂の『精選古典探究　漢文編』は、「日本漢文」をまとめて取り上げるものの中で、最も多くの作品を採り上げている。「漢文編　第一部」に「七　日本の漢詩文」の項目を立てて、まず次の漢詩七首を作者の時代順に配し、詩型は五言・七言の絶句と律詩とで構成される。

自詠（菅原道真）〔五言絶句〕・山茶花（義堂周信）〔七言絶句〕・夜下墨水（服部南郭）〔七言絶句〕・悼亡（大沼枕山）〔七言律詩〕・無題（夏目漱石）〔五言絶句〕・送夏目漱石之伊予（正岡子規）〔五言律詩〕・航西日記（森鷗外）〔日記の文と七言絶句〕

続けて名高い「池亭記」や「敵に塩を送る」のことわざで知られる『日本外史』の「取塩於我国」（「所争在弓箭不在米塩」「所争在弓箭」「所争不在米塩」をタイトルとする教科書もある）の文に加えて、マイナーであるが林鶴梁の文を採録する。

池亭記（慶滋保胤）：本朝文粋・取塩於我国（頼山陽）：日本外史・桜巒春容（林鶴梁）：鶴梁文鈔

なお、『日本外史』の文の「参考」として「鞭声粛々夜河を過《わた》る」の詩吟でも人口に膾炙する「題不識庵撃機山図」（頼山陽）〔七言絶句〕の一首を挙げている。

◎明治書院の『精選古典探究　漢文編』では、「後編」の「5　日本人と漢詩文」と「6　「長恨歌」と日本文学」を用意する。「5　日本人と漢詩文」では、「日本人の漢詩文」の概説の後に、

読家書〈菅原道真〉〔七言律詩〕・九月十三夜〈上杉謙信〉〔七言絶句〕・夜下墨水〈服部南郭〉〔七言絶句〕・送夏目漱石之伊予〈正岡子規〉〔五言絶句〕・題自画〈夏目漱石〉〔五言絶句〕・無題〈夏目漱石〉〔七言絶句〕

菅原道真から時代順に夏目漱石まで配し、漱石は二首を掲出する。文には、

壇ノ浦〈『日本外史』〉・筋篇〈『解体新書』〉

源平合戦ゆかりの「壇ノ浦」と『解体新書』の筋肉の動きや働きを書いた「筋篇」を挙げる。

「6 「長恨歌」と日本文学」には、もちろん中唐の白居易の長篇詩「長恨歌」の全百二十句をすべてテキストに採用すると同時に、日本の古典との関わりから、

源氏物語：桐壺〈紫式部〉・枕草子：木の花は〈清少納言〉・謡曲：楊貴妃〈金春禅竹〉

を取り上げ、「漢文の窓 8」として「『白氏文集』と日本文学」、「単元の言語活動 6」に「日本漢文における「長恨歌」受容の諸相を探る」を用意して、盛り沢山である。

◎大修館書店の①『古典探究 漢文編』②『精選古典探究』の二種は、第一部に「6 日本の漢詩文」と題して、「漢詩」と「逸話」に分ける。「漢詩」には、

不出門〈菅原道真〉〔七言律詩〕・冬夜読書〈菅茶山〉〔七言絶句〕・桂林荘雑詠 示諸生〈広瀬淡窓〉〔七言律詩〕・将東遊題壁〈月性〉〔七言律詩〕・題自画〈夏目漱石〉〔七言絶句〕

以上の五首を採録し、「逸話」には、

所争在弓箭〈頼山陽〉

の題で、「敵に塩を送る」で名高い頼山陽の『日本外史』の文を採り、「参考」に「題不識庵撃機山図」〈頼山陽〉〔七語絶句〕を配するのは、三省堂の場合と同様である。

◎桐原書店の『探究 古典探究 漢文編』は、「4 日本の漢文」のタイトルを掲げて、

対花懐昔〈義堂周信〉〔七言絶句〕・題不識庵撃機山図〈頼山陽〉〔七言絶句〕・夏夜〈江馬細香〉〔七言絶句〕・思君〈中野逍遙〉〔十首連作の其一・其二　五言絶句〕の四首をもって構成する。女流詩人の江馬細香を採るのは唯一で、堪能的な色香の漂う詩篇は斬新である。中野逍遙は正岡子規と夏目漱石に同じく慶応三年の生まれで、二十七歳で夭折した人材であり、その「君」への情念の表出が独特でもある。「コラム1　日本漢詩―模倣から創作、そして鑑賞する古典へ」を挟んで、

川中島の戦い〈頼山陽〉

を『日本外史』から採る。

◎東京書籍の①『新編古典探究』は、「漢文編Ⅱ部」に「5　日本の漢詩文」の単元に、「詩―二首」として、

聞旅雁〈菅原道真〉〔七言絶句〕・送夏目漱石之伊予〈正岡子規〉〔五言律詩〕

の両詩を掲げるとともに、「言語活動　漢詩の作り方を知る」、「漢文の窓5　明治の文豪と漢詩」を用意する。この詩に対して、文としては「信玄と謙信」の項目で、

所争不在米塩〈『日本外史』〉〈頼山陽〉

諸将服信玄〈『日本外史』〉〈頼山陽〉

を掲げ、「参考」として同じく『日本外史』から「四隣頗聞信玄死」を示す。まさに信玄と謙信という二人の武将を捉えた構成をとる。

以上は「日本の漢詩文」や「日本人と漢詩文」といったタイトルで「日本漢文」を一括して採録するものであるが、これに類して、漢詩を標題とする単元の中に「中国の詩」と「日本の詩」の項目を立てて構成するのが次の教科書である。

◎第一学習社の①『高等学校　古典探究　漢文編』②『高等学校　精選古典探究』③『高等学校　標準古典探

究』の三種は、「漢文編・第Ⅰ部」に「漢詩の鑑賞」の単元を設け、「中国の詩」に、①②では、
独坐敬亭山〔李白〕〔五言絶句〕・秋風引〔劉禹錫〕〔五言絶句〕・九月九日憶山東兄弟〔王維〕〔七言絶句〕・磧中作〔岑参〕〔七言絶句〕・除夜寄弟妹〔白居易〕〔五言律詩〕・江村〔杜甫〕〔七言律詩〕
の六首を掲げ、③では、
鹿柴〔王維〕〔五言絶句〕・絶句〔杜甫〕〔五言絶句〕・峨眉山月歌〔李白〕〔七言絶句〕・春夜〔蘇軾〕〔七言絶句〕・除夜寄弟妹〔白居易〕〔五言律詩〕・遊山西村〔陸游〕〔七言律詩〕
の六首を掲げ、「言語活動　漢詩の字句や構成を考える」との基本事項の学習を介して、①②③ともに「日本の詩」には、
不出門〔菅原道真〕〔七言律詩〕・冬夜読書〔菅茶山〕〔七言絶句〕・送夏目漱石之伊予〔正岡子規〕〔五言律詩〕
の平安・江戸・明治の時代から各一篇を採り、「活動の手引き　菅原道真と白居易」に生徒A・Bと教師の問答形式で、道真の「不出門」と白居易の「香炉峰下に新たに山居を卜し草堂初めて成り偶東壁に題す」の類似から比較するといった問題提起の工夫もある。

◎数研出版の①『古典探究　漢文』・②『高等学校古典探究』の二種は、「中国の詩」と「日本の詩」に大別するとともに、「中国の詩」は「絶句」と「律詩」に区分して、「絶句」には、
鹿柴〔王維〕〔五言絶句〕・勧酒〔于武陵〕〔五言絶句〕・尋胡隠君〔高啓〕〔五言絶句〕・山中対酌〔李白〕〔七言絶句〕・磧中作〔岑参〕〔七言絶句〕・江南春〔杜牧〕〔七言絶句〕・澄邁駅通潮閣〔蘇軾〕〔七言絶句〕・雨中登岳陽楼望君山〔黄庭堅〕〔七言絶句〕
の五言・七言の絶句八首が採られ、「律詩」には、
旅夜書懐〔杜甫〕〔五言律詩〕・黄鶴楼〔崔顥〕〔七言律詩〕・寄李儋・元錫〔韋応物〕〔七言律詩〕

の五言・七言の律詩三首が採られる。この十一首の「中国の詩」に対して、「日本の詩」には、梅花（菅原道真）〔七言絶句〕・題野古島僧房壁（絶海中津）〔五言律詩〕・題不識庵撃機山図（頼山陽）〔七言絶句〕・題自画（夏目漱石）〔七言絶句〕

中古・中世・近世・近代から絶句三首、律詩一首を採り、中国と日本にわたる漢詩学習を経由して、「ズームアップ　漢詩を作ってみよう」に展開させる。「読む」ことから「詠む」ことへの転換をここに設定している。

ここで扱う総詩数は、「日本の詩」は四首であるが、中国の詩十一首と合わせると十五首の多数にいたる。詩型では絶句が十一首、律詩が四首となる。

◎東京書籍のもう一つの教科書②『精選古典探究　漢文編』は、第Ⅰ部「2　詩Ⅰ」に「近体詩―八首」として、宿建徳江（孟浩然）〔五言絶句〕・登鸛鵲楼（王之渙）〔五言絶句〕・江雪（柳宗元）〔五言絶句〕・勧酒（于武陵）〔五言絶句〕・磧中作（岑参）〔七言絶句〕・江南春（杜牧）〔七言絶句〕・杜少府之任蜀州（王勃）〔五言律詩〕・黄鶴楼（崔顥）〔七言律詩〕

の八首を採り、途中に「参考」として「登鸛鵲楼」（会津八一）と「勧酒」（井伏鱒二）を配し、これに加えて、「日本の漢詩―二首」として、

聞旅雁（菅原道真）〔七言絶句〕・送夏目漱石之伊予（正岡子規）〔五言律詩〕

を採る。この「日本の漢詩」の部分は、すでに示した同社①『新編古典探究』の「漢文編Ⅱ部」「5　日本の漢詩文」の単元の場合と同様に、両詩を掲げるとともに、「言語活動　漢詩の作り方を知る」、「漢文の窓1」として「明治の文豪と漢詩」を用意する。

また、第Ⅰ部「1　小話―六編」に「野中兼山（『先哲叢談』）」を入れ、「4　思想―儒家の思想」にも「参考」として「人非聖人（貝原益軒）」「弟子（中島敦）」「論語徴（荻生徂徠）」を配している。

第Ⅱ部には、「1　史話」に「日本外史（所争不在米塩・諸将服信玄）」、「2　詩3」「李白と杜甫」の「参考」に「杜甫石壕吏（正岡子規）」、「4　白楽天と日本文学」に「和漢朗詠集（三月尽）」を配して、手厚い教材が用意されているといえる。

◎筑摩書房『古典探究　漢文編』は、「第一部」「第3章　韻文の表現―近体詩」に、「中国の詩」「日本の詩」といった項目は立てずに、まず中国の詩篇九篇を並べ、

独坐敬亭山（李白）〔五言絶句〕・登楽遊原（李商隠）〔五言絶句〕・九月九日憶山東兄弟（王維）〔七言絶句〕・芙蓉楼送辛漸（王昌齢）〔七言絶句〕・楓橋夜泊（張継）〔七言絶句〕・野望（王績）〔五言律詩〕・旅夜書懐（杜甫）〔五言律詩〕・八月十五日夜、禁中独直、対月憶元九（白居易）〔七言律詩〕・遊山西村（陸游）〔七言律詩〕

その後に、次の日本の三篇の詩篇を配する。

聞旅雁（菅原道真）〔七言絶句〕・即事（新井白石）〔五言律詩〕・無題（夏目漱石）〔七言律詩〕

「第4章　言動の記録―史伝」には、『史記』に基づく「天道是邪、非邪」「鴻門の会」「四面楚歌」に続いて、

稲葉一徹（大槻磐渓）（『近古史談』）

「第5章　物語の創造―小説」には、「王昭君」（『西京雑記』）に対する「参考」として「王昭君」（李白）と「王昭君をよめる」（赤染衛門）の間に、

王昭君（大江朝綱）〔七言律詩〕

を示している。

さらに「第二部」では「第2章　主張と文体―文章（一）」には、「詩経大序」（『詩経』）の後の「参考」に、

古今和歌集真名序（紀淑望）

を配し、「第4章　言動の真意―史伝」には、『史記』に基づく「怒髪上衝冠」「刎頸之交」「国士無双」の後に、

信玄何在〔頼山陽〕（『日本外史』）。

を配する。これらの日本の詩文を「詩」「序」「史伝」を扱った単元の中で中国の詩文と対比的に捉えることは、いわゆる「日本漢文」の受容と特徴の理解と把握に有効であろう。

以上の「古典探究」の教科書十三種（八社）が「日本漢文」の教材を「日本の漢詩文」「日本人と漢詩文」「日本の漢文」と項目を立てる、あるいは同一の「詩」の単元の中で「中国の詩」と「日本の詩」に区分して編集する、中国の詩文の後に日本の詩文を置いて編集するといった方法によることが認められたが、残る一種の教科書は、複数の単元で日本の漢詩文を日中混淆する形で教材化している。その様相も具体的に眺めてみたい。

## (二) 混淆型の編集

◎文英堂の『古典探究』は、「第一部」の「3　漢詩の世界を味わう　漢詩―悠久の調べ」には「漢詩」として日中の作品を織りまぜて都合十三首を配列する。

鹿柴〔王維〕〔五言絶句〕・楓橋夜泊〔張継〕〔七言絶句〕・望廬山瀑布〔李白〕〔七言絶句〕・九月十三夜〔上杉謙信〕〔七言絶句〕・涼州詞〔王翰〕〔七言絶句〕・月夜〔杜甫〕〔五言律詩〕・送友人〔李白〕〔五言律詩〕・送夏目漱石之伊予〔正岡子規〕〔五言律詩〕・子夜呉歌〔李白〕〔五言古詩〕・過故人荘〔孟浩然〕〔五言律詩〕・登高〔杜甫〕〔七言律詩〕・飲酒〔陶潜〕〔五言古詩〕・題老梅図〔長尾雨山〕〔七言絶句〕

これによれば、例えば「送友人」〔李白〕〔五言律詩〕と「送夏目漱石之伊予」〔正岡子規〕〔五言律詩〕とは「送別詩」で詩型も同じ「五言律詩」であるから、詠作を較べて鑑賞するなどの展開もし得る。その意味では、「送夏目漱石之伊予」〔正岡子規〕は「古典探究」の八種〔五社〕に採用され、また「言語文化」の教科書では李白の七言絶句「黄鶴楼送孟浩然之広陵」が多数採られるので、「送別詩」のテーマから対比的に作品を考えてみることも可能であり、教材やテーマ間の理解を深める意義ある取り組みとなるものと考える。「4　見方・考え方を学ぶ　思想―普遍的なもの」の『論語』において、「子貢曰、『貧而無諂、富而無驕、何如。』／子貢問、『師与商也孰賢。』／子路問、『聞斯行諸。』／子貢問政。子曰、『足食、足兵、民信之矣。』／子路問君子。子曰、『修己以敬。』」を読み、「参考」に掲げる「論語と算盤」（渋沢栄一）を学ぶのも、新一万円札の肖像となった渋沢に関わる日本の受容として興味深いものであろう。

「漢文編第二部」の「1　漢文を味わう　故事成語―さまざまな逸話」に「故事成語」として「画竜点睛」（歴代名画記）「刻舟求剣」（呂氏春秋）「先従隗始」（十八史略）の三つに続いて、

所争在弓箭不在米塩（日本外史）

を配するのは「敵に塩を送る」という日本のことわざの故事的な教材を意図したものであり、「探究の扉」には「遠慮」という日本に独特なことばにも注目する。かつ、「3　人の思いを読み取る　漢詩―悲恋のうた」に「漢詩」の「長恨歌」（白居易）を採り上げ、「参考」に『源氏物語（桐壺）』、「コラム」に「長恨歌と平安文学」、「探究の窓」に「今に生きる漢詩」を通して学びを深め、「6　未来を思いえがく　伝奇小説―二人の李徴」は、「人虎伝」（李景亮）を採録するとともに、「参考」に「山月記」（中島敦）を配し、較べ読みとしても古文と小説のバランスに配慮している。まさに編集方法は多様で、それぞれの味わいを創り上げている。

## 三、「古典探究」教材小話―三題―

二〇一八年告示の『高等学校学習指導要領』によって、我が国の言語文化への理解を深め、その担い手の自覚を涵養することを主眼にして全生徒履修の科目として新設された「言語文化」に対して、「古典探究」は選択科目として、そこに養われた「伝統的な言語文化に関する理解」を深化させ、血肉化させるべく、その古典を学習することを通して、古典の意義や価値を探究する資質・能力を育成する役割をになう。その意味で、「日本漢文」に対しても教材化やその配置等にそれぞれの教科書で配慮のなされていることが上記の一覧によっても理解できよう。カリキュラムや教材を含めた科目間の連帯連携も必須であり、二つの科目を包括した視点から教材を考えることも必要であろう。以下にはこの方面から述べてみたい。

## ㈠ 張継「楓橋夜泊」詩と古典

二〇二二年度にスタートした「言語文化」と二〇二三年度にスタートした「古典探究」の漢文教材を一覧して驚いたのは、唐・張継の「楓橋夜泊」詩の採用数が減少したことである。[1] 改訂前の『高等学校学習指導要領』下の共通必履修科目「国語総合」では桐原書店・数研出版の教科書に、選択科目の「古典B」においては三省堂書店・教育出版・東京書籍・筑摩書房の四社に採用されていた。今次改訂では、共通必履修科目「言語文化」では桐原書店のみであり、選択科目の「古典探究」においては、文英堂・筑摩書房に採用されるにすぎない。この採用数の半減には、唐詩の中でもとりわけ人口に膾炙する詩篇であり、さまざまな日本の文化的受容をも認めるだけに特別な思いが去来する。

月落烏啼霜満天（月落ち烏啼きて霜　天に満つ）　江楓漁火対愁眠（江楓　漁火　愁眠に対す）
姑蘇城外寒山寺（姑蘇　城外　寒山寺）　夜半鐘声到客船（夜半の鐘声　客船に到る）

この「楓橋夜泊」詩は、蘇州の寒山寺の参観・観光と相俟って、日本国内において最も拓本が流布する詩篇といえるかも知れない。といって、その拓本の文字は張継の直筆になるものではないが、その詩篇が人口に膾炙するだけでなく、日本の風土にあっても、関東では奥多摩の地に無住ながら寒山寺が建立される。関西では箕面市にまた寒山寺が所在し、その由来は古く江戸の寛永十一年（一六三四）に滋賀県大津の膳所藩主となった石川忠総が瑞南禅師のために創建したことに始まる。ところが、慶安三年（一六五〇）に石川氏の転封・領地替えにともない大阪城下の西寺町に移転となり、さらに昭和四十三年（一九六八）、大阪万国博覧会の都市計画に際して、箕面市に移転するという変転の歴史を重ねたことが知られる。「寒山寺」の命名は、琵琶湖と紅葉の風趣が「楓橋夜泊」の詩趣によく似ていたことに由来するといい、移転後の西寺町の寒山寺の鐘は、元禄十六年（一七〇三）十一月二十二日に成る。名鐘として知られ、近松門左衛門の『曽根崎心中』の「道行」の中で、お初徳兵衛が「あれ数ふれば、暁の、七つの鐘が六つ鳴りて、残る一つが今生の、鐘の響きの聞き納め……」と描かれるのも、この寒山寺の鐘であったと紹介されることが多いが、「曽根崎天神の森の心中事件は元禄十六年（一七〇三）四月七日、上演は五月七日で、鐘の銘は十一月なので、まだ寒山寺の鐘は響かない。」とは、柴田光彦「山田寒山と寒山寺鐘をめぐって(2)」の「七、大阪寒山寺の鐘」における時間のアヤを突いた巧みな考説である。

また、詩篇の「夜半の鐘声」に関していえば、近世俳諧の与謝蕪村の師匠である早野巴人は、下野国那須郡烏山の出身で、「巴人」の号は、巴州地方の人の意から転じて、鄙俗な者、野夫、いなか者を意味する。早くに江戸に出て自らの身をこの語に擬えたともいえるが、其角・嵐雪の教えを受け、宝永・正徳のころには江戸俳諧の名士として知られ、やがて江戸を離れて上洛。留まること凡そ十年、宋屋・几圭等の有力な門人も得たが、老年になって望郷の念抑え難く、元文二年（一七三七）四月末に江戸に戻り、日本橋の「時の鐘」（石町）の近くに居を定めて「夜半亭」と号した。この号の三文字もまた「楓橋夜泊」詩の「夜半鐘声」に由来する。しかも蕪村は夜半亭で内弟子として起居をともにし、巴人の歿後には夜半亭二世を継ぎ、蕪村の歿後には高井几董が三世を継ぐ。夜半亭一世こと早野巴人の十三回忌となる宝暦五年（一七五七）に砂岡雁宕ら門人が編じた俳諧追善集『夜半亭発句帖』「夏之部」「ほととぎす」には、次の句を収める。

子規《ほととぎす》　月落《おち》　烏《からす》　鳥《とり》の声

この夜半亭巴人の一句は、とりわけ「楓橋夜泊」詩の俳諧的受容の洒脱にして絶妙な風韻を伝えて愉快な響きを湛える詠作といえる。

いま古典との関わりのあることをのみ書いてみたが、「楓橋夜泊」詩は、「言語文化」や「古典探究」の趣旨からも多くの学びの話題を秘めている。現在の教材採用の情況の中ではあるが、「言語文化」「古典探究」の教材としての多様な展開が期待される(3)。

## (二)　中野逍遥と教科書教材

「言語文化」の「日本漢文」教材として、第一学習社『高等学校 言語文化』『高等学校　精選言語文化』『高等学校　標準言語文化』『新編言語文化』は「漢文編」の「漢詩」ないし「漢詩の鑑賞」に、中野逍遥「道情七首」の第一首（『逍遥遺稿』外編所載）を採用する。この詩篇は、逍遥の郷里宇和島の和霊公園の「中野逍遥漢詩碑」に刻されることも知られる。

擲我百年命（我が百年の命を擲ち）　換君一片情（君の一片の情に換ふ）
仙階人不見（仙階　人見ず）　唯聴玉琴声（唯だ聴く　玉琴の声）

詠作の時期は、逍遥の逝去の一年ほど前のことと見られる。幼少から病弱の質にあった逍遥は、五、六歳から父に命ぜられて勉学に励んだ。起句の「百年命」は、逍遥の病弱にして短命であった境涯を想えば、ひときわ哀切さの漂う語ともなる。逍遥の詩篇には事実として少なからざる「百年」の語を見る。

中野逍遥の詩篇は、今次の「言語文化」教科書の教材採用が初めてではなく、旧『高等学校学習指導要領』下にあって、桐原書店『探究古典B』の「日本の漢詩」に「思君十首」の第一首と第二首を教材としており、今次の改訂においても、同じく桐原書店の『探究　古典探究　漢文編』「4　日本の漢文」が「思君十首」の第一首と第二首をセットで継承したのである。

思君我心傷（君を思ひて我が心傷み）　思君我容瘁（君を思ひて我が容瘁《つか》る）
中夜坐松蔭（中夜　松蔭に坐せば）　露華多似涙（露華多く涙に似る）

第一首の起・承句にいう「我が心傷み」「我が容瘁る」とは、「思君」という行為の結果である。思いは晴れること無く、夜露こそ涙に似たる存在に他ならない。「思君」の「君」とは、「道情七首」の第一首に詠じられた「君」に通底する。この「君」こそ逍遙にとって不変の愛しの君の存在に他ならない。

思君我心悄（君を思ひて我が心悄《うれ》ひ）　思君我腸裂（君を思ひて我が腸裂く）
昨夜涕涙流（昨夜　涕涙流る）　今朝尽成血（今朝　尽く血と成る）

第二首で「思君」の行為のもたらす「我が心悄ひ」「我が腸裂く」という我が心腸《むね》の悲痛は、昨晩流したその涕涙が、今朝はすべて血と成ると詠じる。その血の涙こそ、君を深く思うも成就せざる苦悶を象徴するものでもある。この二首セットの教材は、一途な恋情を表出する詠作として学習者の心に訴え共感を呼ぶものでもあろう。

逍遥が生まれたのは、明治維新前夜の慶応三年（一八六七）二月十一日。その年は、多岐多彩な数多くの人材を輩出した当たり年でもあった。正岡子規、夏目漱石、幸田露伴、尾崎紅葉、齋藤緑雨らに同じくこの年に生を受け、明治十七年（一八八四）九月に合格した東京大学予備門では、正岡子規や夏目漱石と同級となった。同二十三年（一八九〇）九月に帝国大学文科大学漢文学科に進学し、同二十七年（一八九四）七月に同科第一回卒業生となり、さらに研究科に進み「支那文学史」を草せんことを期しながら、同年十一月十六日に急性肺炎のため不帰の客となった。前途有為な慶応三年生まれの俊才でありながら大成の日を迎えることがなかっただけに、その遺された詩文には愛惜の思いが喚起される。『逍遥遺稿』は、この二十七歳で夭折した中野逍遥の学友である宮本正貫・小柳司気太の編次によって、「人員三百四十五名」から寄せられた「合計金壹百九拾五円八拾九銭」の義捐に基づいて一周忌の命日に発行（非売品、五百部）された漢詩文集（正・外二編）である。

病弱であった逍遥は自らを、中国の辞賦文学で名高く、消渇疾を病んだことでも知られる司馬相如に擬え、彼が「琴心」を以て挑んで「私奔《かけおち》」に及んだ卓文君との相思相愛を念じてやまない。『逍遥遺稿』の詩篇には、相如と文君の史伝や故事による詩句が頻出する。「君」をめぐる情念の表出を探るとき、相如・文君の典故に基づく表現の世界に一歩を踏み出すことになろう。恋愛の感情をストレートに表出した詩篇だけに、訳詩の作成など、さまざまな展開が可能な多様性に富んだ教材と考える。(4)

## (三) 幼帝入水余話

明治書院の『精選古典探究　漢文編』の「後編」「5　日本人と漢詩文」は、詩篇六首と文章二篇で構成されるが、その後者の「壇ノ浦」は『日本外史』によるものである。「壇ノ浦」は、源平合戦ゆかりの地であり、この地に逃れた平家は最後の戦を源氏に挑むが、劣勢を取り戻すことはできず、最期の時を迎え、安徳帝は二位の尼（平時子）に抱かれて海に沈む。『日本外史』（頼山陽）の教材にいう。

時子乃抱帝、相約以帯、挟剣璽、出立船首。帝時八歳。問時子曰、「安之也。」時子曰、「虜集矢於御船。故将他徒也。」遂与倶投海死。皇太后継投。東兵鉤其髪獲之。行盛・有盛聞之、皆力戦死。

（時子乃ち帝を抱き、相約するに帯を以てし、剣璽を挟《さしはさ》み、出でて船首に立つ。帝時に八歳。時子に問ひて曰く、「安《いづ》くに之《ゆ》くや」と。時子曰く、「虜　矢を御船に集む。故に将に他に徒らんとするなり」と。遂に与に倶に海に投じて死す。皇太后継いで投ず。東兵其の髪を鉤《こう》して之を獲たり。行盛・有盛　之を聞き、皆力戦して死す。）

『平家物語』「先帝身投」によれば、平家の舟に乗りうつりくる源氏の将兵の攻勢の中、安徳帝の祖母である二位殿（二位の尼）は、「にぶ色の二衣うちかづき、練袴のそばたかくはさみ、神璽をわきにはさみ、宝剣を腰にさし」、主上をいだいて船端に歩みでる。

尼ぜ、われをばいづちへぐしてゆかむとするぞ

と戸惑い顔の幼帝。二位殿が涙をおさえながらに「君はいまだしろしめされさぶらはずや、先世の十善戒行の御力によッて、いま万乗の主と生れさせ給へども、悪縁にひかれて、御運すでにつきさせ給ひぬ」と語りだし、「極楽浄土とてめでたき処へ具し参らせさぶらふぞ」と言いおさめる。涙を流しながら小さい手をあわせ、東に向かって伊勢大神宮に御暇を申し、西方浄土の来迎にあづからむと西に向かって念仏をとなえる幼帝。やがて二位殿は、

浪の下にも都のさぶらふぞ

と慰めて、幼帝と千尋の海の底へ入っていく。哀憐の落涙をさそわずにはおかない場面である。二位殿にとって、神璽と宝剣は浪の下の都に欠くあたわざる神器であった。

帝の入水を目にして、建礼門院は硯・焼石（温石）を左右の懐に入れて海へ入ったものの、源氏の渡辺党の者によって髪を熊手にかけてひきあげられてしまう。女院と知れて急ぎ御座所の舟に移される。重衡の妻（大納言の佐殿）にいたっては、神器八咫鏡の入った唐櫃をもって海に入らんとするも、袴の裾を船端に射つけられて倒れているところを、源氏の兵に救われる。

入水をめぐる人間模様は女人に限らず、さまざまな死生のドラマが繰り広げられたが、その滅亡のさまは、中国の宋王朝の滅亡にまた同様の悲痛な光景が望見された。蒙古の台頭によって、咸淳十年（一二七四）南宋の第六代度宗を継いだ第七代恭帝（母は全氏）はわずか四歳であり、徳祐二年（一二七六）には元軍の臨安侵攻によって俘虜の身となって北へ連行された。同年五月、福州で第八代端宗（恭帝の兄、益王。母は楊氏。）が即位したが、景炎三年（一二七八）元軍の迫るところとなって海中に逃れ、碙州（広東省呉川県の南海中の小島）に死した。ここに最

後の第九代皇帝となる衛王（趙昺、恭帝の弟。母は兪氏。幼主、祥興帝、少帝）が即位する。

この幼帝を戴く宋軍は、蒙古の追撃によって徐々にマカオの西方の厓山（広東省新会県の南）に追いつめられていく。この厓山の海で、祥興二年（一二七九、元の年号では至元十六年）二月六日、宋軍は元に仕えた張弘範の率いる二万余の大軍に攻撃され、勇将張世傑・陸秀夫らが奮戦するも、滅亡の最期の時を迎える。

『宋史』巻四十七「瀛国公本紀（二王附）」の伝えるところによれば、陸秀夫はこの危機を脱することはならずと剣をかざして妻子を海中に駆りたて、かくて幼帝を背負い、海中に飛び込む。『新会県志』巻十三に引く龔開陸「君実（陸秀夫の字）伝」には、匹練をもって一体の如くに束ね、黄金の璽を腰間にたれて投水したという。『宋史紀事本末』巻一〇八「二王之立」には、陸秀夫は死に際して、幼帝にいったという。

国事　此に至れば、陛下　当に国の為に死すべし。徳祐皇帝（兄の恭帝）の辱しめらるること已に甚だしければ、陛下　再び辱しめらるるべからず。

犯すべからざる国家の尊厳を重んじての潔い決断といえる。幼帝は、安徳帝に同じく八歳。後宮ならびに諸臣には幼帝の最期に殉ずる者が少なくなく、十余万人の屍が海に漂ったという。

南北両宋三百二十年の治世が潰えるが、幼帝の死を知った楊太后の所行もまた潔く、

我　死を忍んで艱関　此に至れるは、正に趙氏一塊の肉のためのみ。今は望み無し。

「趙氏一塊の肉」は、趙匡胤建国の宋朝の皇統を意味する。楊太后は慟哭して、後を追って投水したという。彼女の存在と言動は、平家の滅亡における二位殿のそれに比することもできる。

平家の滅亡から約一世紀を隔てた隣邦中国での相似た亡国哀話である。日中間の相似近接する歴史的事象への関心は一方ならず、その二事一類を対句化する幼学書の類も世に行われた。宝永七年（一七一〇）の序のある木下公定の『桑華蒙求』には「安徳沈海」「帝昺没溟」の標題を一対とし、天保六年（一八三五）に刊行された虞淵方外

史『和漢駢事』巻下「裸類」には「壇浦　厓山」と並称対比して、双方の事績が記される。詠懐に際して、日中の事績を重ねて吟唱することは、漢学の人々にとって会心の史的投影でもあった。梁川星巌（一七八九～一八五八）の「下関雑詩六首」第六首（『西征集』第三所収）に次のように詠じる。

亡家亡国恨如何（亡家亡国の恨みや如何ん）　壇浦厓門豈異科（壇浦と厓門は豈に科を異にせんや）
唯有盲翁能演説（唯だ盲翁の能く演説する有り）　哀音一等入鞞婆（哀音　一等　鞞婆に入る）

家を亡ぼし国を亡ぼした恨みは測りようもなく、平家の滅びた「壇ノ浦」と宋朝の滅びた「厓山」に何の異なりもない。「盲翁」こそ哀しい音調で演唱する盲目の琵琶法師。「鞞婆」は琵琶の異名。悲しい声音が琵琶の音調とマッチして心に沁みる。[5]史伝はさまざまな調べ学習の題材を秘めた宝庫でもある。

■注■

（1）「「言語文化」教科書の漢文教材をめぐって」（『早稲田教育評論』第三十八巻第一号、二〇二四年四月）に論じたことがあるが、桐原書店の掲載を逸したことをここにお詫びし、訂正する。
（2）『書道研究』第五十四号、一九九三年八月。
（3）堀誠「日本の寒山寺―張継「楓橋夜泊」詩碑に寄せて」（『アジア・文化・歴史』第十二号、二〇二一年一月）・同「日本の寒山寺補遺―張継「楓橋夜泊」詩碑に寄せて」（同第十四号、二〇二三年五月）・同「夜半亭随記―巴人・蕪村・几董と「王維が垣根」」（同第十三号、二〇二二年二月）を参照されたい。
（4）注（1）所掲の「「言語文化」教科書の漢文教材をめぐって」に詳しく論じている。堀誠「中野逍遥詩篇・小説考」（『国文学研究』第一八九集、二〇一九年十月）を参照。
（5）堀誠「日中幼帝入水考―亡家亡国の挽歌として―」（『学術研究』（国語国文学編）第四十六号、一九九八年二月。のち『日中比較文学叢考』第三部第三章所収、二〇一五年九月、研文出版刊）に詳しく論じたことがある。

# 第二章

## 「古典探究」の特徴と各社検定教科書の現況
### ――言語活動例を中心に――

橘　和久

### 一、「古典A・B」との違いから見る「古典探究」

まずは旧科目「古典A・B」との違いをもとに新科目「古典探究」の位置づけを確認していく。

最初に目標の違いを見ていこう。『高等学校学習指導要領』（平成二十一年）からは、「古典A」は「古典としての古文と漢文、古典に関連する文章を読むことによって、我が国の伝統と文化に対する理解を深め、生涯にわたって古典に親しむ態度を育てる」(1)を、また、「古典B」では「古典としての古文と漢文を読む能力を養うとともに、ものの見方、感じ方、考え方を広くし、古典についての理解や関心を深めることによって人生を豊かにする態度を育てる」(2)を目標としていることが分かる。一方『高等学校学習指導要領（平成三〇年告示）解説　国語編』では、育成を目指す素質・能力が「知識及び技能」「思考力、判断力、表現力」「学びに向かう力、人間性等」の三つの柱としてまとめられたのを受け、それぞれに対応する形で「生涯にわたる社会生活に必要な国語の知識や技能を身に付けるとともに、我が国の伝統的な言語文化に対する理解を深めることができるようにする」[3]「論理的に考える力や深く共感したり豊かに想像したりする力を伸ばし、古典などを通した先人のものの見方、感じ方、考え方との関わりの中で伝え合う力を高め、自分の思いや考えを広げたり深めたりすることができるようにする」[4]、「言葉がもつ価値への認識を深めるとともに、生涯にわたって古典に親しみ自己を向上させ、我が国の言語文化の担い手としての自覚を深め、言葉を通して他者や社会に関わろうとする態度を養う」[5]の三つが目標として掲げられたことが記されている。[6]ここで注目すべきは、「伝え合う力を高め」や「他者や社会に関わろうとする態度を養う」という文言が含まれていることである。「古典A」や「古典B」に比べて、「古典探究」では社会や他者との関わりが重視されているのである。古典を読むという営みを自身の中で完結させるのではなく、それを他者や社会との関係性に広げていく、これが「古典探究」の特徴の一つだと言うことができるであろう。

続いて、内容についてである。「古典A」及び「古典B」と比べて、「古典探究」では、一作品だけの読解に留まらず、それを他のことと関連させせようとする傾向がある。たとえば、「古典探究」では、読むことに関する身につけさせたい事項には、「内容や解釈を自分の知見と結び付け」[7]、「自分の考えを広げたり深めたりする」[8]、「古典の作品や文章を多面的・多角的な視点から評価することを通して」[9]といった文言があることが確認できる。身につけさせたい事項に関する言語活動例も充実しており、「古典A」では三つ、[10]「古典B」では四つだったものが、[11]「古典探究」では七つと、大幅に増加している。[12]量だけでなく、内容も大幅に変化しており、「古典探究」の言語活動例として、調べ学習や発表・議論、読み比べ、和歌や漢詩の創作、朗読、報告書や論文、随筆にまとめる活動などが挙げられている。[13]これは、「教材への依存度が高く、主体的な言語活動が軽視」されている状況の改善[14]という、学習指導要領改訂の趣旨に沿った変更点といえる。また、発表や議論、論述など、「伝え合う力」を意識した活動が多いことも特徴として挙げられよう。

最後に、教材の取り扱いについて確認する。取り上げる教材の種類について、「古典A」では「教材には、古典に関連する近代以降の文章を含めること。また、必要に応じて日本漢文、近代以降の文語文や漢詩文などを用いることができること」[15]、「古典B」では「教材には、日本漢文を含めること。また、必要に応じて近代以降の文語文や漢詩文、古典についての評論文などを用いることができること」[16]となっている。それに対して、「古典探究」では「古典としての古文及び漢文とし、日本漢文を含めるとともに、論理的に考える力を伸ばすよう、古典における論理的な文章を取り上げること。また、必要に応じて、近代以降の文語文や漢詩文、古典についての評論文などを用いることができること」[17]とある。注目すべきは、日本漢文のみならず、論理的な古典の文章を取り上げることを明確にしたことである。ここからも、古典の内容をただ読解するだけに留まらず、それをもとに論理的思考を養いたいという目的が見て取れよう。漢文の定番教材としては、すでに韓愈の「師説」などの論理的な文章があるものの、このように学習指導要領に記されたことの影響は大きいと思われる。

以上、学習指導要領の内容をもとに、「古典A」及び「古典B」と「古典探究」の位置づけの違いを確認した。その違いを踏まえた「古典探究」の特徴は、以下のようにまとめることができよう。

- 社会や他者との関わりが意識されている
- 言語活動による主体的な学習が重視されている
- 言語活動には、「伝え合う力」の養成を意識したものが多い
- 内容理解に留まらない、横断的・発展的な学習が重視されている

## 二、「古典探究」教科書の中の漢文教材と言語活動

続いて、「古典探究」の教科書について確認していく。管見の限りでは、「古典A」「古典B」と「古典探究」では、収録されている教材に大きな差異は認められなかった。これは、所謂定番教材（『史記』「鴻門之会」「四面楚歌」をはじめとする史話、『論語』をはじめとする思想、『長恨歌』をはじめとする詩など）がある程度固定されているためであろう。その代わりに、既存の教材に新要素、特に言語活動の例を付け加えることによって新学習指導要領への対応を図っている印象である。

先に確認したとおり、「古典探究」では言語活動が重視されている。各教員が担当する生徒に合った言語活動を自ら設定した上で授業を行うのが理想ではあるが、これには相当の困難を伴う。そうなると、多くの教員は各社検定教科書に載っている言語活動の例を用いて授業を行うことになるだろう。教科書がどのような言語活動例を載せているかは、教育現場にも大きく影響する事項といえよう。

そこで、九社から十四種類出ている教科書に、どれくらい言語活動が載っているか、またそれらが平成三十年告示の学習指導要領で分類されているア～キの言語活動例のどれに当てはまるかを調査した。なお、調査にあたっては各社の編修趣意書を参照した。[18] 以下にその結果と言語活動の実例を挙げる。

○言語活動の総数及び分類ごとの数

- 総数…五百二十三
- 言語活動例ア（内容や形式などに関して調べ、発表したり議論したりする活動）に属するもの…二九〇
- 言語活動例イ（複数の作品や文章を読み比べ、共通点や相違点について論述したり発表したりする活動）に属するも

の…七十六

- 言語活動例ウ（古典を読み、和歌や俳諧、漢詩を創作したり、体験や感想を文語で書いたりする活動）に属するもの…十四
- 言語活動例エ（古典作品を、内容の解釈を踏まえて朗読する活動）に属するもの…十四
- 言語活動例オ（古典の作品に関連する事柄について調べ、成果を発表したり報告書にまとめたりする活動）に属するもの…八十六
- 言語活動例カ（古典の言葉と現代の言葉を比較し、その変遷を社会的背景と関連づけて古典を読み、判明したことや考えたことを短い論文などにまとめる活動）に属するもの…二十
- 言語活動例キ（古典を読み、社会生活に役立つ知識の文例を集め、それらの現代における意義や価値について随筆などにまとめる活動）に属するもの…二十三

○言語活動の主な実例

①言語活動例アに属するもの

- 『史記』「項王自刎」における項羽の笑いの意味について話し合う（東京書籍）
- 「漁父之辞」を読み、屈原と漁父のどちらの考え方を支持するか、ディベートする（三省堂）
- 『史記』「荊軻」と『日本外史』「川中島」を読み、文章表現で似ている点を指摘する（数研出版）
- 『史記』の読解をきっかけとし、「記録する」という行為の意味を考察する（明治書院）
- 陶宗儀「賢母辞拾遺」と劉基「売柑者之言」の内容や表現の特徴について、蘇軾の「医薬談笑」や彭端淑の「為学」の特徴を参考にしながら話し合う（第一学習社）

②言語活動例イに属するもの

・孟子と荀子の「性」についての捉え方の違いを理解し、現代に生きる自分なりの「性」の捉え方を論文にまとめる（東京書籍）
・森三樹三郎「戦国時代の諸子百家」をもとに『論語』学而編及び『老子』第十八章を解釈し、儒家と道家の思想で共通する点と相違する点をまとめる（第一学習社）
・高祖「大風之歌」と項羽の「垓下之歌」を比較する（東京書籍）
・杜牧「題烏江亭」王安石「烏江亭」李清照「烏江」の三つの詩に表現された項羽に対する思いを説明し、また項羽の生き様について考えたことを話し合う（三省堂）
・李白「子夜呉歌」に込められた心情について、松原朗の「悲しき響き擣衣」を参考にして読み解き、さらに『新古今和歌集』の「み吉野の山の秋風さ夜更けてふるさと寒く衣打つなり」と比較して、共通するところを挙げる（大修館）
・(1)「詩経大序」と「古今和歌集真名序・仮名序」とを比較し、共通点を書き出すとともに、それぞれの「序」が説明する詩や和歌の特色を、詩や和歌の本質と役割という観点からまとめた上で、グループ内で話し合う
(2)「詩経大序」と「古今和歌集真名序・仮名序」の文学論の特徴について、論述する
(3)曹丕「論文」と「古今和歌集真名序」で論じられる文学論を比較する・『源氏物語』『枕草子』謡曲「楊貴妃」における「長恨歌」の引用や踏まえ方を手がかりに、日本文学がどのように「長恨歌」を受容しているかを整理し、そこに示された心情やものの見方、感じ方などの共通点と相違点を話し合う（明治書院）
・『源氏物語』「桐壺」『更級日記』「七月七日」『枕草子』「梨花一枝」について、「長恨歌」の引用の仕方や踏まえ方にどのような共通点や相違点があるのか、比較してまとめる（大修館書店）
・「長恨歌」と『源氏物語』を比較する（文英堂・第一学習社）

・(1)『俊頼髄脳』と「長恨歌」の共通点と相違点を整理する
(2)玄宗と楊貴妃を扱った他の作品について調べ、発表する（大修館書店）
・(1)『西京雑記』の「王昭君」と、李白「王昭君」、大江朝綱「王昭君」、赤染衛門「王昭君をよめる」の共通点・相違点を考え、それぞれの特徴についてまとめた上で、話し合う
(2)王昭君が描かれた絵について、『西京雑記』を手がかりにどのようなことが書かれているのか話し合い、さらに王昭君が描かれた別の絵と比較して、どこが異なっているか話し合う
(3)王昭君をテーマに創作活動をする、王昭君以外に文学や芸術の題材となっている漢文作品がないか探し、レポートにまとめる（筑摩書房）
・「人虎伝」と『山月記』を比較する（文英堂・大修館書店）

③言語活動例ウに属するもの
・漢詩の規則を踏まえつつ語句を並べ替えて漢詩を復元、また、七言の対句を作る（東京書籍）
・(1)絶句と律詩の形式を比較する
(2)詩を暗唱したり、自由に訳したりする
(3)テーマを自由に設定し、李白と杜甫の文学を紹介するレポートを作成する
(4)「自然」「旅情」「別離」「憂愁」「自適」から好きなテーマを選び、漢詩を作る（大修館書店）
・漢詩を作ってみる。平仄・押韻の決まりを厳密に踏まえる必要は無い（数研出版）
・漢詩（絶句）を作ってみる（明治書院）
・(1)「一片□心在玉壺」と「人生識□憂患始」の□に入れる漢字一字を考え、その字を選んだ理由も併せて、それぞれ発表し合う

(2) 四句を並べ替えて、「起承転結」の構成になるようにする
(3) 「夜雪」詩の結句を考え、そのような内容にした理由とあわせて発表し合う（第一学習社）
④ 言語活動例エに属するもの
・「鴻門之会」を朗読し、感想を交換するとともに、朗読して分かったことや気がついたことを話し合う（三省堂）
・(1) 訓読で朗読、音読みでの朗読、口語訳した上での朗読、いずれか一つを選んでクラスの前で発表する
(2) (1)の三種類の朗読から受ける印象の違いを、グループで話し合ってみる（数研出版）
・『史記』の登場人物の心情と場面を想像して群読する（明治書院）
⑤ 言語活動例オに属するもの
・「鬼」の出てくる作品について調べ、その作品における特徴をまとめた上で、各作品における「鬼」の共通点や相違点を比較し、レポートにまとめる（三省堂）
・『三国志』を題材とした作品（ゲームや小説、漫画など）を探し、『三国志』の世界がどう生かされているかを調べ、発表する（三省堂）
・(1) 柴田天馬の『聊斎志異』訳のように、原文にある漢字をできるだけそのまま用いて現代語訳する（漢字のふりがなは一般的な音訓にとらわれず、意味が分かりやすいように自由につけてよい）
(2) 現代の創作作品で、義訓（音訓にとらわれず、文脈上の意味に応じて漢字を読むやり方）のような表現を用いているものを探し、発表する（数研出版）
・思想家（道家・儒家など）の立場に立って、他の立場の思想家からの批評に反論してみる（明治書院）
・友情に関する故事について、由来と意味を調べる（第一学習社）

⑥言語活動例カに属するもの

・漢詩や漢文で書かれることによってどのような効果があるか、小論文を書いて発表する（明治書院）

・「夢為胡蝶」「無用之用」の現代的意義を考える（大修館書店）

⑦言語活動例キに属するもの

・『三国志』がもとになった故事成語を調べ、その日常における使い方を調べてプレゼンテーション用の資料を作って発表し合い、発表を聞いての感想や意見を文章にまとめる（東京書籍）

・『説苑』「不顧後患」で小孺子がとった諫言の方法は「正諫」「降諫」「忠諫」「戇諫」「諷諫」のどれかを考え、さらに小孺子とは違う方法で王を諫める言葉を考えて発表する（三省堂）

・(1)本庶佑「未来に備える遺伝子」と老子の思想の共通する部分を指摘する
(2)諸子百家の文章から一つ選び、「現代にも当てはまる〇〇」というテーマで文章を書く（数研出版）

・『論語』を出典とする「過ちて改めざる、是れを過ちと謂ふ」「義を見て為さざるは勇無きなり」「後生畏るべし」について、それぞれの意味と使われる場面を調べて発表する（第一学習社）

以上が、言語活動の数及び実例の一部である。

確認できた五二三例のうち、過半数にあたる二九〇例が言語活動例アに属するものであった。これは以前からある「〜について考えてみよう」といった内容読解に関する問いかけの文言を、「〜について（考え、その上で）話し合ってみよう」などと変えれば、充分に言語活動として通用するからだと推測される。

続いて、言語活動例イに属するものを見ていく。こちらは七六例と、言語活動例ア、オに続く三番目に多い数が確認できた。近年の共通テストでは複数の文章を比べ読みする形式のものがよく出題されることに影響されてか、[19]各教科書会社がそれぞれに工夫を凝らしている印象を受ける。漢文の詩文同士の読み比べや、古文や現代文との比較など、内容もさまざまである。その一方で、「古今和歌集真名序・仮名序」や「長恨歌」のように、複数の教科書で使われる教材もあることに注目したい。ここからは、紙幅には限度がある以上、古文・漢文の定番教材を上手く用いた上で言語活動を作り上げようという意図が感じ取れよう。

次に、言語活動例ウについてであるが、これの扱いには各社が苦労している印象を受ける。対句の作成に留まるもの、作る詩を絶句に限定するもの、平仄や押韻の決まりを厳密に踏まえる必要がないとするもの、結句のみを考えるものと、なるべく生徒が取り組みやすいような工夫が凝らされている。詩作にあたっては、押韻と平仄という二つの大きな壁がある。押韻や平仄のルールに則った漢詩を作るのは難しいが、この二つを完全に無視してしまうと、そもそも漢詩を作るという活動の存在意義が無くなってしまう。詩語表などを用いて押韻や平仄を踏まえた作詩を行うという授業実践例も複数あるが、それでは生徒たちが自分の思いを詩に詠み込むことができないという指摘もある。[20]また、詩作にはある程度の時間がかかる上に、指導する側にも詩に関する見識が要求されることも見過ごせない。授業内でどう扱うのかは、今後も大きな課題となろう。

言語活動例エの朗読については、登場人物の心情を考えさせる一助となるべく設定されているものが見受けられる。また、朗読を通じて、文体の違いによる印象の違いを考えさせるものも見られた。思想や論説文などは朗読に適さず、設定できる教材の範囲が狭いためか、数は多くない。

一方、言語活動例オに属するものであるが、「関連する事柄について調べる」という性質上、比較的設定しやすいためか、二番目に多い数が確認できた。調べる対象にゲームや小説、漫画などの創作作品を含めるなど、生徒が取り組みやすいように工夫されたものも見られる。

最後に、言語活動例カ及びキに含まれるものを確認する。漢文教材と現代とのつながりを生徒に意識させる必要があるためか、故事成語を題材としたものが見受けられた。活動例自体は他のものに比べてあまり多くない。

以上、教科書に収録されている言語活動例について、簡単にまとめた。先にも述べたとおり、「古典探究」は主体的な学びや横断的・発展的な学習、「伝え合う力」の養成が意識されており、各社はそれに沿った言語活動例になるように工夫していることがうかがえる。ある文章について他者と議論するにあたっては、内容の正確な読解は勿論のこと、相手を説得するに足る根拠の提示や順序立てた説明など、論理的思考力が要求される。また、現代と古典とのつながりを考えさせる活動は、古典を学ぶ意義を生徒に理解させ、学習意欲の向上に資する可能性が十分に考えられる。そして、教員が正解を言うのをただ待つだけではなく、自分なりに調べて答えを導き出す経験を積むことは、実社会においても役立つと考えられる。各種デジタルデバイスの普及も、調べ学習をする上で追い風となろう。しかしながら、いくら主体的な学びをお題目として掲げたとしても、実際に生徒たちが取り組めなければ意味がない。そして、何の援助も受けず、最初から自分たちだけの力で自ら学ぶことのできる生徒は、ごく一部に限られるだろう。教員のサポートがこれまで以上に重要になるのは間違いない。生徒が主体的に学べるようになるためには、教員側にも知識の蓄積やスキルの向上といった、主体的な取り組みが必要になるといえよう。

## 三、おわりに

本稿では、「古典A」「古典B」との比較から、「古典探究」の立ち位置について確認した。さらに「古典探究」において重要な役割を果たす言語活動について、どのような例が教科書に載っているかを調査した。その結果、主体的に学ぶ力を育成しようとする活動例が多く確認できた。今回は各社の指導書や指導用のデータを見ることができず、教科書会社がどのような意図をもって言語活動を設定しているのか、言語活動を行うにあたって生徒もしくは教員向けにどのようなサポートをしているか（ワークシートをはじめとする補助教材の用意の有無など）を確認することができなかった。今後の課題としたい。

「古典探究」の教科書が使われはじめてまだ二年目であり、今後現場でどのような評価がなされ、また、それを受けてどのように各教科書会社が改訂を行っていくのか、現段階では不透明な部分が多い。引き続き、注視していく必要があろう。

また、二〇二五年度より使われる中学校用教科書の検定結果が二〇二四年三月に公表され、そこで合格した教科書のほとんどにデジタル教材を再生する二次元コードが載っていたと報道されたことは記憶に新しい。(21) 自学自習をする上で、デジタル教材は役立つ面もあるが、それと同時にそのようなデジタル教材を厳格にチェックする体制が整っていないという課題を指摘する声もある。(22) このデジタル教材を拡充する動きは、今後高等学校用の教科書にも波及していくことは想像に難くない。場合によっては、動画などを見た上で行う言語活動も出てくる可能性もある。こういったデジタル教材をどう活用していくかについても、考えていく必要がある。

**注**

(1) 『高等学校学習指導要領』(文部科学省、二〇〇九年三月) 十五頁　古典A　1目標。
(2) 同前　十五頁　古典B　1目標。
(3) 『高等学校学習指導要領(平成三〇年告示)解説　国語編』(文部科学省、二〇一八年七月) 二四六頁　2目標(1)。
(4) 同前　二四六頁　2目標(2)。
(5) 同前　二四六〜二四七頁　2目標(3)。
(6) 同前　二四七頁。
(7) 同前　二五七頁〔思考力、判断力、表現力など〕A読むこと(1)オ。
(8) 同前　二五七頁〔思考力、判断力、表現力など〕A読むこと(1)カ。
(9) 同前　二五七頁〔思考力、判断力、表現力など〕A読むこと(1)ク。

(10) 注1同書　一五～一六頁　2内容(2)。
(11) 同前　一六頁　2内容(2)。
(12) 注3同書　二五七頁〔思考力、判断力、表現力など〕A読むこと(2)。
(13) 同前　二五七頁〔思考力、判断力、表現力など〕A読むこと(2)。
(14) 同前　六頁「国語科改訂の趣旨及び要点」。
(15) 注1同書　十六頁　古典A　3内容の取り扱い(3)イ。
(16) 同前　古典B　3内容の取り扱い(4)イ。
(17) 注3同書　二七一頁　古典探究　4内容の取り扱い(3)ア。
(18) 編修趣意書に言語活動として明記されていないものの、明らかに言語活動と思われるものについては、筆者の判断で分類を行った。また、複数の言語活動例に当てはまるものについては、それぞれの言語活動例として一つのものを複数回カウントしている（例：「イ」と「オ」の両方を満たす一つの言語活動があった場合、イとオがそれぞれ一つずつとカウントする）。
(19) 二〇二一年に共通テストが初めて実施されてから二〇二四年に至るまでのすべての年度の漢文・古文において、複数の文章・詩歌を読み比べた上で答える問題が設定されている。
(20) 奥山千也・冨山敦史「高等学校「古典探究」における魅力的な漢詩創作授業詩論　思考力、判断力、表現力等を育成する漢詩創作」（『教育研究実践報告誌』、第六巻第一号、二〇二二年九月）三十三～四十頁。
(21) 「中学用教科書大半にQRコード　デジタル化が加速　動画・音声、理解の助けに」、『日本経済新聞』、二〇二四年三月二十三日、日本経済新聞電子版、https://www.nikkei.com/article/DGKKZO79470470S4A320C2EA1000/（二〇二四年九月八日参照）。
(22) 「中学教科書にデジタル教材急増　でも厳格なチェックなし　浮かぶ課題」、『朝日新聞』、二〇二四年三月二十二日、朝日新聞デジタル、https://www.asahi.com/articles/ASS3P7S0PS3NUTIL013.htm（二〇二四年九月八日参照）。

# 第三章

# 高等学校国語科「言語文化」「古典探究」における漢文教材——傾向と扱い方——

林　教子

## 一、はじめに——「古典嫌い」の解消になるのか——

今次改訂の『高等学校学習指導要領　国語』では、「中央教育審議会答申（平成二十八年（二〇一六）十二月）」を受けて、「教材への依存度が高く、主体的な言語活動が軽視」されていることや「古典に対する学習意欲が低いこと」を課題として挙げている。(1) 国語科ではこの課題を解消するために大幅な科目改変を行い、古典教育に関わる「言語文化」（共通必履修科目）と「古典探究」（選択科目）を新設した。また、「主体的な言語活動が軽視」されている現状を改善するため、各科目では古典における言語活動の一層の充実を掲げた。漢文教育に関しては、(2)「言語文化」の教材として「日本漢文」を適切に活用するよう明示したことが大きな改変といえる。ところで、「学習指導要領」が定義する「日本漢文」とは、「上代以降、近世に至るまでの間に日本人がつくった漢詩と漢文(3)」、——いわゆる古典としての漢文に含まれるもの―のことである。従前、「日本漢文」は選択科目である「古典A」「古典B」及び「国語総合」の漢文教材として採録されていたが、共通必履修科目である「国語総合」ではその取扱いについて、特段の規定はなかった。それが「言語文化」の教材として扱うことを明示されたのは、「日本漢文」が現代日本の言語生活につながる文化として不可欠な存在とされたからである。

しかし、「古典に対する学習意欲が低いこと」が指摘されている高校生にとっては、「日本漢文」が現代の言語生活につながるからといって、必ずしも古典学習の意欲向上にはつながらないだろう。第一、どうつながっているのかがわからないのである。漢文嫌いの根底には、「本来外国の古典である漢文を、なぜ、国語の授業で習わなければならないのか」という生徒の疑問が存在する。「日本漢文」がこの疑問の答えとなるには、教える側に相応な工夫が必要だろう。だが、それは教える側にとっても困難な課題である。そもそも「古典嫌い」の生徒に対して、本来外国の古典である漢文を、日本の古典である古文の「書き下し文」を介して教えること自体が困難なのだ。そこに、新規で「日本漢文」が加わるとなると、その位置づけや教材としての扱い方に戸惑うという声も挙がっている。

これと並行して、「言語文化」や「古典探究」とはいかなる科目で、どんな教材をどう扱えばよいのかも未だ手探りの段階といえよう。

そこで、本章では教科及び科目で育成を目指す資質・能力[4]を明確にし、それらを実現させるための教材研究や授業のあり方について論じていく。

## 二、「言語文化」と「古典探究」の特徴

### ㈠「言語文化」

まず、「言語文化」がどのような科目であるか見ていきたい。

「言語文化」という科目名が示すように、上代から近現代に受け継がれてきた言語文化への理解を深めることに主眼を置く科目である。科目の目標は、「生涯にわたる社会生活に必要な国語の知識や技能を身に付けること」と「わが国の言語文化に対する理解を深めること」(「学習指導要領」1「目標」(1))である。どのような教材を扱うかについては、次のように示している。

(以下の傍線は筆者によるものである)

内容の〔思考力、判断力、表現力等〕の「B読むこと」の教材は、古典及び近代以降の文章とし、日本漢文、近代以降の文語文や漢詩文などを含めるとともに、我が国の言語文化への理解を深める学習に資するよう、我が国の伝統と文化や古典に関連する近代以降の文章を取り上げること。また、必要に応じて、伝承や伝統芸能などに関する音声や画像資料を用いることができること。(4「内容の取扱い」の(4)のア)

漢文教材に関しては「日本漢文」と併記して「近代以降の文語文や漢詩文」も取り上げることを求めている。つまり、近世以前のいわゆる古典の範疇である「日本漢文」に加えて、明治以降に日本人によって作られた漢詩や漢文も含めるということである。具体的には、森鷗外、夏目漱石、正岡子規、中野逍遙等の作品が想定される。以上を整理すると次のようになる。

○日本漢文

上代以降、近世に至るまでの間に日本人がつくった漢詩と漢文とをいう。古典としての漢文に含まれる。

〈取上げる理由〉

・我が国の文化において漢文が大きな役割を果たしてきたため。

・日本人の思想や感情等が漢詩文を通して表現されてきたため。

○近代以降の文語文や漢詩文

時代的な区分では古典に含まれない、近世以降にあっても、古典の表現の特色を継承した優れた作品や文章など。近世以降、日本人によってつくられた漢詩文も含む。

〈取上げる理由〉

・近代以降にあっても、古典の表現の特色を継承した優れた作品や文章などがあるため。

・それまで「現代文」で扱われていた小説等にも、漢文の影響を受けた作品があるため。

今次の「学習指導要領」告示当初から、「言語文化」とは、「現代の国語」が現代文を扱うのに対して古文・漢文を扱う科目であるという認識が見られた。しかし、そうではない。繰り返しになるが、「言語文化」とは、上代から近現代に受け継がれてきた日本の言語文化への理解を深めるために新設された科目である。したがって、従来の「古文」「漢文」「現代文」の区分にとらわれないことが肝要なのである。

## (二)「古典探究」

次に、「古典探究」について見ていく。「古典探究」は、「言語文化」で育成された資質・能力のうち、「伝統的な言語文化に関する理解」をより深めるため、いわゆる古典の範疇の学習を対象とした科目である。これも科目名が示すように、「探究」することによって古典を主体的に学ぶことに主眼が置かれている。どのような教材を取り扱うかについては次のとおりである。

内容の〔思考力、判断力、表現力等〕の「A読むこと」の教材は、古典としての古文及び漢文とし、日本漢文を含めるとともに、論理的に考える力を伸ばすよう、古典における論理的な文章を取り上げること。また、必要に応じて、近代以降の文語文や漢詩、古典についての評論文などを用いることができること。（4「内容の取扱い」の(3)のア）

「日本漢文」を含めることは「言語文化」と同様であるが、「古典探究」では新たに「古典における論理的な文章を取り上げること」を求めている。これは、前述「中央教育審議会答申」の、「文章を読んで根拠の明確さや論理の展開、表現の仕方等について評価することなどに課題がある。」を踏まえたものである。具体的な教材として、「古文の歌論や俳論などの評論、漢文の思想など」[6]を例示している。その他の教材例も学習指導要領解説に詳しく示されているので整理して示す。

○「古典探究」で取り扱う教材例

- 近代以降の文学的な文章（明治時代以降に書かれた、小説、詩歌、随筆、戯曲など）
- （必要に応じて）翻訳の文章、古典における文学的な文章、近代以降の文語文、演劇（空欄詰め）や映画の作品及び文学などについての評論文、外国人作家による作品
- 古典における文学的な文章（和歌、俳諧、作り物語、歌物語、歴史物語、随筆、日記、説話、仮名草子、浮世草子、能、狂言、人形浄瑠璃、歌舞伎など、漢文は、史伝、辞賦、古体詩、近体詩、寓話、説話、小説など）

「古典探究」に関しては、従前「古典A」「古典B」との教材及びその扱い方の違いが問われる。前述「中央教育審議会答申」でも、文法指導偏重のため「主体的な言語活動が軽視」されていることを挙げ、これが「古典嫌い」を増長させる一因となっていると指摘している。したがって改善を図るには、文法事項を精選し、主体的に古典を

探求する言語活動の時間を確保する等、授業形態の根本的な見直しが必要となろう。

## 三、漢文採録教材の新旧比較

### (一)「言語文化」の採録教材

科目改変に伴い、どの科目にどんな教材が採録されるかにも関心が集まっている。それは、各科目で用いる教材は、その科目で育成を目指す資質・能力に資するかどうかに依るからである。そこで、「言語文化」の具体的な採録教材を見ていくことにする。

中国古典作品を含める全体の傾向としては、そのほとんどが従前の共通必履修科目「国語総合」及び選択科目「古典A」「古典B」の採録作品と重複しており、「日本漢文」の採録状況を見ても、従前の選択科目で扱われていた作品が多い。

では、実際に採録作品を作者別に採録数の多い順に示しながら概観してみたい。まずは中国古典を含めた全漢文教材の状況を示す。（調査対象は、令和四年（二〇二二）四月から使用開始されたすべての「言語文化」の教科書（九社十七点[7]）である）。

〈「言語文化」中国古典作品を含めた全漢文教材・作者別順位と主な採録作品〉

一位　（孔子）　一八六点　（「論語」）
二位　曽先之　三十四点　「十八史略」
三位　杜甫　二十七点　「春望」「月夜」
四位　李白　二十五点　「静夜思」「黄鶴楼送孟浩然之広陵」

五位　劉向　二十点　「借虎威」「蛇足」
六位　王維　十六点　「送元二使安西」「鹿柴」
七位　白居易　十三点　「香炉峰下新卜山居草堂初成偶題東壁」「八月十五日夜、禁中独直、対月憶元九」
八位　柳宗元　十二点　「江雪」「黔之驢」
九位　孟浩然　十一点　「春暁」「過故人荘」
　　　杜牧　十一点　「山行」「江南春」
十一位　韓愈　九点　「雑説」
　　　王翰　九点　「涼州詞」
（※孔子と論語は作者・作品ではないため括弧書きとした）。

今次改訂で「日本漢文」の適切な使用が求められたものの、採録作品全体から見ると上位に日本人は一人も挙がっていない。「言語文化」の漢文教材の多くが従前のものを引き継いでいるのだから当然のことなのだが、改めて概観して、漢文の授業といえば中国古典作品を学ぶ場であったことが認識される。

では、「日本漢文」に限定するとどうなるのか。令和四年（二〇二二）四月から使用開始の「言語文化」の教科では三十五点ほどの「日本漢文」が見られる。これらについても作者別に採録数の多い順に示し、主な作品を付す。

〈「言語文化」日本漢文教材・作者別順位〉
一位　菅原道真　七点　「読家書」5点（第一学習社4点・桐原書店1点）
「不出門」1点（数研出版）・「謫居春雪」1点（文英堂）
二位　夏目漱石　六点　「題自画」3点（三省堂1点・文英堂1点・大修館書店1点）（一部新規）[8]
「春日偶成」2点（東京書籍1点・数研出版1点）・「無題」1点（桐原書店）

三位　広瀬淡窓　五点　「桂林荘雑詠　示諸生」（第一学習社4点・三省堂1点）
四位　中野逍遥　四点　新規「道情」（第一学習社4点）
五位　菅茶山　二点　『黄葉夕陽村舎詩集』（「蛍」桐原書店1点・「冬夜読書」三省堂1点）
　　　幸田露伴　二点　「春暁」（東京書籍2点）
　　　石川丈山　二点　「富士山」（数研出版1点、明治書院1点）
　　　河上肇　二点　「京洛之新緑、美無加、散歩途上、口占」（数研出版2点）

以下、一点採録の作品、頼山陽（『日本外史』「那須宗高」筑摩書房）・貝原益軒（『慎思録』明治書院）・原念斎（『先哲叢談』「野中兼山」桐原書店）・乾篤軒（『笑話出思録』明治書院）・成島柳北（「烏児塞宮」明治書院）などが続く。新規に採録されたのは、中野逍遥の「道情」や、夏目漱石「題自画」（大正元年（一九一二）十一月）等ごく少数で、それ以外は、従前の選択科目と重複する。しかし、旧「国語総合」採録の「日本漢文」は「兼山遠慮」（原念斎『先哲叢談』[9]）のみであったので、今回「言語文化」で約三十五点が採られたのは改訂がもたらした変革といえる。

## (二)「古典探究」の採録教材

次に、「古典探究」における漢文教材の採録状況を見ていきたい。「古典探究」教科書[10]には、中国古典を含めた漢文教材が一一六二点ほど採録されている。そのほとんどが、従前「古典A」「古典B」の採録教材と重複し、その大半を占めるのは中国古典作品である。首位は司馬遷の『史記』（約一一四点）で、第二位は「老子」（四十四点）、第三位は李白の詩と曾先之の『十八史略』（いずれも三十九点）と続く。「古典探究」で特徴的なのは、「言語文化」では採録がなかった司馬遷の『史記』が首位となり、曾先之の『十八史略』が三位になるという逆転現象が生じることである。これは、日本において『十八史略』が伝統的に初学者の入門書として広く読まれていたことと関連している。その一方で、本家の中国では『十八史略』の評価はそれほど高くはなく、教科書教材としてもほとんど採られていない。初学者向けの教材として『十八史略』が活用されてきたことは、日本における漢文教育の独自性の一つといえよう。

次に、「日本漢文」に限定して見ていく。ここでは一一六点（古文分野も含む）ほどの採録が見られた。これらについても作者別に順位を示す。（一部、参考までに主な作品の採録数も示した）。

〈「古典探究」日本漢文教材の作者別採録状況〉

一位　頼山陽　二十点　『日本外史』「所争不在米塩」4点（東京書籍2点・大修館書店1点・文英堂1点）・「川中島」3点（数研出版2点・「川中島の戦い」桐原書店1点）・「諸将服信玄」2点（東京書籍2点）・「九月十三夜」2点（文英堂1点・明治書院1点）・「四隣頗聞信玄死」1点（東京書籍）・「取塩於我国」1点（三省堂）・「信玄何在」1点（筑摩書房）・「壇ノ浦」1点（明治書院）、『山陽詩鈔』「題不識庵撃機山図」5点（数研出版2点・三省堂1点・大修館書店1点・桐原書店1点）

二位　菅原道真　十二点　「不出門」5点（第一学習社3点・大修館書店2点）・「聞旅雁」3点（東京書籍2点・筑摩書房1点）・「梅花」2点（数研出版2点）・「読家書」1点（明治書院）・「自詠」1点（三省堂）

三位　夏目漱石　十点　「題自画」5点（大修館書店2点・数研出版2点・明治書院1点）・「無題」3点（三省堂1点・明治書院1点・筑摩書房1点）・「草枕（比べ読み）」2点（数研出版2点）

四位　正岡子規　八点　「送夏目漱石之伊予」8点（第一学習社3点・東京書籍2点・三省堂1点・文英堂1点・明治書院1点）

五位　菅茶山　　四点「冬夜読書」4点（第一学習社3点・大修館書店1点）
六位　藤原公任　三点『和漢朗詠集』「三月尽」1点（東京書籍）・「秋夜」1点（文英堂）・「十五夜」1点（文英堂）
　　　中島敦　　三点「山月記」1点（文英堂）・「弟子」2点（東京書籍1点・明治書院1点）
　　　紀淑望　　三点「真名序」（数研出版2点、筑摩書房1点）
九位　絶海中津　二点「題野古島僧房壁」（数研出版2点）
　　　義堂周信　二点「山茶花」（三省堂1点）・「対花懐昔」（桐原書店1点）
　　　荻生徂徠　二点「論語徴」（東京書籍1点）・「弁道」（桐原書店1点）
　　　広瀬淡窓　二点「桂林荘雑詠　示諸生」（大修館書店2点）
　　　服部南郭　二点「夜下墨水」（三省堂1点・明治書院1点）

以下、一点採録の作品、大江朝綱『和漢朗詠集』「王昭君」（筑摩書房）・源順『和漢朗詠集』「十五夜」（文英堂）・貝原益軒『慎思録』（東京書籍）・新井白石「即時」（筑摩書房）・大沼枕山「悼亡」（三省堂）・江馬細香「夏夜」（桐原書店）・中野逍遥「思君」（桐原書店）などが続く。

一位は頼山陽だが、二位の菅原道真の漢詩は、『大鏡』（「左大臣時平」）に「九月十日」と「不出門」（第五・六句）が見える。これらを含めると二十五点ほどになる。新規で採録された作者は、紀淑望、大江朝綱、源順、江馬細香などである。紀淑望は『古今和歌集』（「真名序」）の作者として二社三点の教科書に採録されており、同和歌集「仮名序」とともに、『詩経』（「大序」）との比べ読み教材として扱われている。比べ読み教材として採録されたという点では大江朝綱も同様で、「王昭君」（『和漢朗詠集』・筑摩書房）が『西京雑記』の「王昭君」の比較参考資料として載る。源順は古文分野の『和漢朗詠集』の単元に、「楊貴妃帰唐帝思　李夫人去漢皇情」（「十五夜」・文英堂）が見える。また、江馬細香の「夏夜」（桐原書店）が採録されているが、女性の漢詩が採録されたのは、中国古典作品を含めても初のことだと思われる。

## 四、教材の扱い方の傾向と実際

### (一) 教材の扱い方の傾向

「言語文化」も「古典探究」も、採録している教材は従前と大きく変わらないということが判明したが、その一方で、今次改訂が掲げる「言語活動の充実」を受けて、学習活動の指示が具体的かつ詳細になっている。これまでのように漢文を書き下し文にして現代語訳し、句法を学ぶだけではなく、複数の作品を読み比べたり（いわゆる「比べ読み」）、視覚的に捉える資料（映像や図画等）を活用したりして、作品の理解を深める学習活動が多くの単元で見られるようになった。また、作品理解を深める過程で、話し合いや発表のような活動も多く取り入れる傾向が認められる。

### (二) 「言語文化」の教材の実際

次に、「言語文化」では実際にどのようにして言語活動の充実を図っているのか、その教科書教材例を挙げておく。[11] ここでは、「学びを広げる」という言語活動の単元として扱われ、視覚的な教材資料として夏目漱石の漢詩「題自画」が付記された自作の書画が示されている。（次ページの『孤客入石門図』（夏目漱石）[12]を参照のこと。）

この資料に関して、「詩を読んで、図の内容について気付いたことを話し合ってみよう」という言語活動が設定されている。漢詩と図画を見比べて意見交換しながら、漢詩の理解を深める学習である。次に漱石の「題自画」を示す。

題自画　　自画に題す　　夏目漱石

碧落孤雲尽　　碧落《へきらく》孤雲尽き

虚明鳥道通　　虚明《きよめい》鳥道通ず

遅遅驢背客　　遅遅たる驢背《ろはい》の客

独入石門中　　独り石門の中に入る

（※書き下し文は教科書の訓点に従った。）

〈現代語訳：青空にちぎれ雲が流れ去っていき、透きとおって明るい大気に鳥のかよう路が通じている。のろのろと行くロバの背中の旅人は、独り石門の中へ入って行く。〉

「孤客入石門図」（夏目漱石）

図画を見ると、漢詩と呼応するように、山に棚引く雲が風に吹かれて孤雲（ちぎれ雲。はぐれ雲）になって消え去っていく様と、一人ロバに乗って石門に入って行こうとする旅人らしき姿が描かれている。漢詩にある「孤雲」という詩語は、古来、中国では「孤高に生きる士大夫の象徴」として、陶淵明をはじめ、李白や白居易など多くの詩人たちに詠まれてきた。日本でも、菅原道真が太宰府に謫居中の作である「不出門」に、「中懐好逐孤雲去（私の胸中の思いは、ちぎれ雲が流され去るのを追いかけて行ってしまった（ので、何のわだかまりもない））。」と詠んでいる。この「不出門」は、道真が敬愛する白居易の「不出門」（『白氏文集』には「不出門」という漢詩が二首見られる。）の影響下で詠まれた漢詩として知られる。[13]これが、明治の漱石へと受け継がれていく。こうした文化の連続性を見ると、「言語文化」で古典と近代以降の小説を扱う意義も分かる。

この漢詩は、従前「古典B」に採録されていた。そこでの設問は、「この詩に込められた作者の心情を考えてみよう」のように、学校現場の裁量で学習を進める形であった。これと比較すると「言語文化」では学習活動の示し方が具体的になり、言語活動の充実を意識したものになっているといえよう。

## ㈢「古典探究」の教材の実際

「古典探究」では、「古典における主体的な学習」を実践するために、探究的な学習として「比べ読み」が取り入れられている。比較する教材も従来の「古文」「漢文」「現代文」のジャンルを越えている。次に比べ読み教材の例を示す。

### 比べ読み教材例

○『詩経』「大序」と『古今和歌集』「仮名序」「真名序」〈二社[14]〉
○漢詩「長恨歌」（白居易）と謡曲「楊貴妃」（金春禅竹）〈一社[15]〉

○漢詩「長恨歌」と『俊頼髄脳』「楊貴妃がことを詠める」（源俊頼）〈一社[16]〉

ここに挙げた教材例はすべて新規である。『詩経』「大序」は「古典B」にも採録されていたが[17]、内容読解と文法事項の設問が付されるのみであった。一方、「古典探究」では、「仮名序」「真名序」との比較に加えて、「大序」の直後に配置されている曹丕の「論文」と「真名序」で論じられる文学論を比較する活動も付されている。実は、従前の同発行者の「古典B」でも「大序」の直後に「論文」が配置されているのだが、教材間のつながりは見られなかった。

また謡曲「楊貴妃」に関しては、従前、「謡曲」自体が教材として採録されていなかった。『俊頼髄脳』は、これまでも「鷹狩の歌」「沓冠折句の歌」「歌の、八つの病の中に」等が教材化されていたが、いずれも本文読解や文法事項を中心とした学習であった。「楊貴妃がことを詠める」は初めての採録で、いわゆる古文ではなく漢文分野の比べ読み教材として扱われている点に特徴がある。

## 五、教材研究

本項では、前項で示した教材のうち「言語文化」教材の「題自画」と、「古典探究」教材の『詩経』「大序」・『古今和歌集』「仮名序」の比べ読みを取り上げて、教材研究という観点から作品を分析する。また、実際に授業で扱う際の留意点等も検討する。

### ㈠　漱石「題自画」

『漱石全集』には大正元年（一九一二）十一月から大正五年（一九一六）の春にかけて詠まれた十一首の「題自画」

と題する漢文が載せられている。[18] その内、「古典探究」の教材となっている作品二首を挙げる。

○「題自画」（大正三年）〈一社一点[19]〉

起臥乾坤一草亭　眼中唯有四山青
閑來放鶴長松下　又上虚堂読易経

○「題自画」（大正五年春）〈二社四点[20]〉

唐詩読罷倚闌干　午院沈沈緑意寒
借問春風何処有　石前幽竹石間蘭

また、「言語文化」でも、一社一点が大正元年十一月の「題自画」を載せているので紹介する。

○「題自画」大正元年十一月[21]

独坐聴啼鳥　関門謝世嘩
南窓無一事　閑寫水仙花

これらの「題自画」を、学習指導要領の「作品の成立した背景や他の作品などとの関係を踏まえながら古典などを読み、その内容の解釈を深め、作品の価値について考察すること」（「古典探究」内容Aのエ）を実践するために、それぞれの「題自画」の詠まれた時期の漱石の様子や創作作品などを調べる学習が考えられる。

漱石と漢文の関わりは極めて深い。未完の「明暗」執筆中に漢詩を詠んでいたことは、芥川龍之介と久米正雄に宛てた手紙によって知られている。「朝日新聞」に「明暗」が連載されていた時期は大正五年（一九一六）五月二十六日～同年十二月十四日である。漱石は同十二月九日に病没している。手紙は八月二十一日に書かれており、その内容は次のとおりである。

○芥川龍之介、久米正雄宛の手紙（八月二十一日付[22]）

僕は不相變（あいかわらず）「明暗」を午前中書いてゐます。心持は苦痛、快樂、機械的、此三つをかねてゐます。存外涼しいのが何より仕合せです。夫れでも毎日、百回近くもあんなことを書いてゐると大いに俗了された心持になりますので三四日前から午後の日課として漢詩を作ります。日に一つ位です。さうして七言律です……（後略）

もちろん、それぞれの「題自画」の詠まれた背景が漱石の詩作とどう関連しているのかを明確にするのは困難であるが、生徒が作品の背景に興味を抱き、漱石の人物像を具体的にイメージするのには有効だと考える。また、漱石と漢詩の関係を調べることで、近世以降の文人の教養や精神の根本には漢文があり、それが作品にも影響を与えていたことへの理解にもつながるだろう。

## ㈢『詩経』「大序」と『古今和歌集』「仮名序」

今次「学習指導要領」では、論理的思考力の向上のために、古典においても論理的な文章を取り上げることとし、「古文の歌論や俳論などの評論、漢文の思想など」を例示している。（「古典探究」3内容の取扱い(3)のア。）

これを受けて、『詩経』「大序」と『古今和歌集』「仮名序」の比べ読み学習が設定されたのだと思われる。次に、それぞれの冒頭を示す。

○「大序」の冒頭（※教科書では、以下「厚人倫、美教化、移風俗。」まで載せる）。

詩者、志之所之也。在心為志、発言為詩、情動於中、而形於言。言之不足、故嗟歎之、嗟歎之不足、故永歌之。永歌之不足、不知手之舞之、足之蹈之也。

〈現代語訳：詩は人の心にあるものの発露である。人の心にあるのが志で、これが言葉に発っせられると詩になる。心の中で感情が動けば、自ずと言葉にあらわれる。言葉で表現しただけでは足らなければ、これを慨嘆

〈ため息〉し、慨嘆しても足らなければ、更に長く声を引いて歌う。歌ってもまだ足らなければ、そのまま覚えずして手が舞い、足が舞を踏む。〉

○「仮名序」の冒頭（※教科書では、以下「たけき武士の心をも慰むるは歌なり。」まで載せる）。

やまとうたは、人の心を種として、万《よろづ》の言の葉とぞなれりける。世の中にある人、ことわざ、繁《しげ》きものなれば、心に思ふことを、見るもの聞くものにつけて、言ひ出せるなり。

〈現代語訳：やまとうたというものは、人の心を種にたとえると、そこから芽が出て無数の葉となったものである。世の中に暮らしている人々は、様々な出来事に絶えず触れているので、その心に思うことを見たこと聞いたことに託して言い表したのがうたである。〉

教科書では、『詩経』「大序」と『古今和歌集』「仮名序」を比較して共通点や相違点を分析し、詩や和歌の本質と役割という観点からまとめる学習活動が設定されている。

それぞれの冒頭を見れば、生徒にとっても共通点の指摘は比較的容易だと思われる。「大序」に「在心為志、発言為詩〈心に在るを志と為し、言に発するを詩と為す〉」とあり、「仮名序」に「人の心を種として、万の言の葉とぞなれりける。世の中にある人、ことわざ、繁きものなれば、心に思ふことを、見るもの聞くものにつけて、言ひ出せるなり。」とあるように、心の中にある感動が言葉に表現されて詩や歌になるのだから、どちらも自然発生的なものという点で共通している。

一方、相違点を見つけるのは難しいかもしれない。そこで教科書では【アドバイス】として、「大序」にはあるが、これを典拠とした「仮名序」からは削除された内容はないか分析するよう促している。おそらく、「治世之音、安以楽。其政和。乱世之音怨以怒。其政乖。亡国之音、哀以思。其民困。〈政治が治まっている時の音が安楽なのは、その政治が調和しているからである。乱世の音が怨怒を含んでいるのは、その政治が道に背くからである。亡国の音が哀しみをたたえているのは、その民が苦しんでいるからである。〉」を削除した部分として指摘し、そこから詩は政治的な役割を果たしているが、和歌にはそのような役割はないという結論に導く意図があると思われる。

確かに、「大序」が「治世之音、安以楽。……」と述べるのは、民の本音の発露である詩を採取して、為政者の政治に反映させてきたという歴史的文化的背景があるからである。しかし、このことによって詩の作られた目的はすべて政治的意図にあると考える必要はない。事実、「大序」の冒頭では、古代歌謡の素朴さ、大らかさも述べられているのである。これは生徒からすれば論旨が矛盾しているように見えるかもしれない。現代的な「論理的思考」からすればそう捉える可能性はあるが、ここでは詩の多面性を述べているのだと解しておく。したがって、漢詩と和歌の本質という観点からまとめる際には、「漢詩は政治的な目的で作られるが、和歌は却って政治的なものから離れようとする」という二項対立で捉えないよう留意したい。

## 六、研究協議

筆者が口頭発表した今次「学習指導要領」の改訂のポイントと新設科目における教材の扱い方等に対して行われた協議の内容や、そこで提示された課題及び疑問点を挙げる。また、それを踏まえた筆者の見解も述べていく。

### (一)「古文」とは何か

口頭発表で、今次「学習指導要領」では「日本漢文」を「近代以降、近世に至るまでの間に日本人がつくった漢詩と漢文」と定義していること、「漢文」については「中国の文語文[23]」としていることを説明した。

また、「言語文化」で「近代以降の文章」を扱うことになっているが、以前、筆者が「現代文」の授業で「舞姫」

を扱った際に、「『現代文』の授業なのに、古文を読まされているようで嫌だった」という感想を持つ生徒が少なからずいたことにも言及した。これに対して、今後「言語文化」で近世以降の文章や、近世以降の文語文を扱うのだから、「古文」とは何かも明らかにする必要があるのではないか、という意見が出た。

協議の場では、「古文」を定義するならば、時代で区分するのではなく、「漢文」と同様に文体で区分するのが妥当だろうという方向で議論が進んだ。そう仮定すると、教科書作成や学校現場での混乱が懸念される。だが、現代に至るまでの言語文化の変遷を学ぶのであれば、「古文」「漢文」「現代文」の壁を乗り越える段階で考慮すべき課題と言えよう。

## (二) 中国古典作品はどう扱うのか

中国古典文学が専門の部会員からは、「言語文化」の新設に伴い中国古典作品の扱い方も再考が必要となったが、今後は常に中国古典ではなく日本文化としての漢文という位置づけで授業をやっていくことになるのか。また、高大接続という観点から、大学でも中国古典に対して高等学校までと同様の扱いが必要になるのか。という疑問が挙がった。

筆者も、小中高学校の国語科では〝日本文化における中国古典作品の受容と独自の発展〟という観点で教材を扱うのは重要だと考える。これまで、筆者自身、中国の古典を教えるとしか意識してこなかったからである。しかしながら、そのために、常に「比べ読み」等の学習活動を取り入れる必要はない。第一、授業時数との兼ね合いからそれは不可能であろう。

では、どう対処すればよいか。古来、日本では中国古典作品を訓読することによって受容してきた。つまり、訓読すること自体が日本文化における受容の特徴と言えるのである。したがって、国語の授業でも漢文を訓読することで、すでにその観点に立っているといえるのだが、それをより意識的に扱う必要はある。例えば、授業で杜甫の「春望」や孟浩然の「春暁」等を扱う際、これらの漢詩が日本人の人口に膾炙してきた理由を考えてみる。それは、「国破れて山河在り」や「春眠暁を覚えず」のようにリズムの良い、名調子ともいえる訓読によって漢詩を受容してきたためである。そうしたことを生徒と共有しながら授業を進めていくことが大切なのだ。

今次改訂を受けて、「言語文化」と「古典探究」で「日本漢文」を扱うことになったが、日本人は漢詩をつくる際に日本文である書き下し文の調子を重視する。それと同時に音韻や平仄にも拘ってきた。音韻や平仄は訓読すると消滅してしまうのに、和習（倭臭）を嫌って拘るのである。これも日本漢詩の独自性だという点を意識したい。

また、大学の中国文学での教え方も変えなければならないのかという疑問については、拘り過ぎる必要はないと考える。勿論、接続性からいえば、大学入学の改変等を受けて、従来と全く同様というわけにはいかないだろう。しかし、基本的には大きく変える必要はなく、中国古典文学も、英文学、フランス文学等の他の文学と同様に、外国の文学を扱うという観点で行えばよいのではないだろうか。高等学校まで漢文は、国語教育の中で扱われるが、生徒にとっては英語以外の外国語との出会いでもある。事実、「漢文」の授業で中国語や中国文学に興味を持ち、大学の中文系に進学する生徒もいるのである。

## (三) 日本における楊貴妃

能の詞章（台本）である謡曲に「楊貴妃」がある程、日本人は「楊貴妃好き」なのだと思われる。協議の場では、山口県長門市の二尊院[24]や名古屋市の熱田神宮には〝楊貴妃の墓〟が伝わること、京都市東山区の泉涌寺には「楊貴妃観音」が安置されていること、さらには楊貴妃に因んだ「楊貴妃桜」という桜の品種があること等が話題になった。そこには、弱い立場の者の味方をする日本人の「判官びいき」の資質が見られる。こうした楊貴妃伝説を調べることは、「長恨歌」の日本文学における受容への理解を深める学習になる。「長恨歌」が『源氏物語』に与えた影響等を教科書で学ぶ一方、楊貴妃伝説の調べ学習を取り入れることで、生徒の興味を喚起し、古典の主体的な学びにつながることが期待される。また、自分たちの地域の伝承文化にも興味を持つ契機になるかもしれない。実際〝地域探究学習〟は、「総合的探究の時間」のテーマにもなっている。そうした学びが、生徒の、伝統文化の担い手としての自覚を促すことになるだろう。

## 七、おわりに

日本文化は、古来、中国文化と密接に関わり合いながら発展してきた。「日本漢文」は、その関わり合いの中で、中国古典と日本文学をつなぐ役割として位置づけられるだろう。生徒が「日本漢文」を学ぶことにより、現代日本への理解が深まるような授業を目指したい。グローバル化が一層加速する現代にあっては、ただ現代日本への理解にとどまらず、東アジアの中の日本へと視野を広げていきたい。

令和の時代、その元号の由来となった『万葉集』が注目されている。『万葉集』といえば、生徒は万葉仮名で書かれていると考えがちだが、和歌以外の散文（和歌の由来や内容を説明している文章）はすべて漢文で書かれている。「令和」も、その漢文の中から抜き出して考案された。和歌以外を漢文で書いたのは、韻文である和歌は万葉仮名で表記できても、散文ではさすがに無理があったからであろう。日本独自の万葉仮名と元来中国の文語文である漢文を兼ね備えている時点で、すでに『万葉集』自体が東アジアの中の日本を体現化した歌集であったといえよう。

前述の研究協議の場で「古文」とは何か議論されたが、従来『万葉集』は教科書でも授業でも「古文」として扱われてきた。今後も基本的には「古文」として扱われるだろうが、文体で区分するとなるとどうなるのか。また、

「古文」と「漢文」を融合させた授業を行った際、生徒が「古文」の授業なのに「漢文」を読まされたというような感想を持たないようにするには、どのような工夫が必要だろうか。「言語文化」や「古典探究」といった新設科目では、まずは教える側の常識を再考し、生徒と共通理解を持ちながら授業を構築していく必要がある。この点については今後の課題としてさらなる研究を進めていきたい。

注

（1）同『学習指導要領解説　国語編』の六頁「国語科改訂の趣旨及び要点」による。平成二十八年十二月の「中央教育審議会（答申）」を踏まえた、「学習指導要領（平成三十年告示）」の第一章「総説」の「国語科改訂の趣旨及び要点」にも同趣旨の記述を載せる。
（2）ここでいう「漢文」とは「古典中国語の文語文で書かれた文章」のことである。
（3）注1と同書の一三九頁。
（4）「資質・能力」とは、学校現場で生きる狭義の「学力」に対して、学校現場に限定せず、生涯にわたって社会で生きる能力を指す。平成二十八年十二月の「中央教育審議会（答申）」を踏まえて、今次の「学習指導要領」では一貫して「資質・能力」を使用する。
（5）平成二十八年十二月の「中央教育審議会（答申）」による。「学習指導要領（平成三十年告示）」の第一章「総説」の「国語科改訂の趣旨及び要点」にも同趣旨の記述を載せる。
（6）注1と同書の二七一頁を参照。
（7）二〇二一年三月文部科学省検定済の教科書。
（8）『漱石全集』二十三巻（岩波書店、一九五七年四月第一刷発行・一九八〇年五月第四刷発行）の三十三～五十五頁は「題自画」と題する漢詩を十一首載せる。そのため、「古典B」にも採録されていた漢詩と、「言語文化」で新規に採録した漢詩がある。
（9）『新　精選　国語総合　古典編』（久保田淳・中村明・中島国彦他著、明治書院、二〇一七年三月発行）
（10）調査対象は、二〇二二年三月文部科学省検定済の教科書（全九社二十二点）である。

(11)『精選言語文化』(岩崎昇一・三浦和尚他著、三省堂、二〇二二年三月三十日発行)一八六頁。
(12)『漱石書畫集』(夏目漱石、岩波書店、一九七九年六月)五頁。
(13)詳細は、拙論「国語科の授業構築と教材開発の可能性―「日本漢文」を中心として―」(『「ことばの力」を育む国語科教材開発と授業構築―変革期に問う教材と授業のかたち―』(李軍編著、学文社、二〇二三年三月)所収を参照されたい。
(14)『古典探究　漢文編』(数研出版)、『古典探究　漢文編』(筑摩書房)
(15)『精選 古典探究 漢文編』(明治書院)
(16)『古典探究　漢文編』(大修館書店)
(17)『古典B　漢文篇　改訂版』(井島正博・木村博・他著、筑摩書房、二〇一八年一月発行)八十八～八十九頁。
(18)前掲の注9及び『漱石全集』第一八巻(夏目金之助著、岩波書店、一九五五年発行)二九八～三二九頁を参照のこと。
(19)『精選　古典探究　漢文編』(明治書院)
(20)『古典探究　漢文編』(三省堂)、『精選　古典探究』(三省堂)、『古典探究　漢文編』(数研出版)、『高等学校　古典探究』(数研出版)
(21)『言語文化』(文英堂)
(22)『漱石全集』第三五巻(夏目漱石著、岩波書店、一九五七年八月第一刷発行・一九八〇年五月第六刷発行)二一七頁。
(23)注1と同書の一一九頁に、「訓読とは、元来中国の文語文である漢文を、国語の文章として読むことである。」とある。
(24)長門市の二尊院には楊貴妃漂着伝説を伝える古文書があるという。山口県ホームページに詳細が載っている。(最終閲覧日：二〇二四年九月九日)
https://www.city.nagato.yamaguchi.jp/site/kanko/1637.html

# 第二部　教材の実践と課題

# 第四章

## 自ら学ぶ「古典探究」に向けて
### ――「漁父辞」を用いた言語活動の試み――

宮 利政

### 一、はじめに

平成三十年公示の学習指導要領により、高等学校国語科は「現代の国語」「言語文化」「論理国語」「文学国語」「国語表現」「古典探究」の六科目へと大きく変化した。「言語文化」には小説や近代以降の文章が採録され、「古典探究」に掲載された言語活動の数々からは、「読む」こと中心の授業から「話す」「聞く」「書く」ことに重きを置いた授業への転換を現場に求める文部科学省の強い意志が感じられた。

一方で、古典教材を理解するのに必要な基礎知識は減少したわけではなく、基礎知識の習得と言語活動を両立させるには現場の誰しもが時間的な厳しさを感じるところであろう。ＩＣＴの有効活用はその一助となるだろうが、それとて万能ではない。

そこで、言語活動を軸とした授業の中で基礎知識も習得可能な授業を目指す必要があると考える。本稿ではまず、現行の教科書に掲載された設問や言語活動に考察を加える。その上で自ら古典を読解できる基礎知識の習得と言語活動を両立し、自ら生涯にわたって古典に親しみ、向き合える能力を育成する授業の一案を模索したいと考える。

## 二、「古典探究」教科書に見える「漁父辞」の設問と言語活動

『学習指導要領』―「目標」によると、「古典探究」は「言語文化」の学習をさらに深めた内容であることが読み取れる。「目標（2）」を比較してみると、「言語文化」には「他者との関わりの中で伝え合う力を高め、自分の思いや考えを広げたり深めたりする」（傍線は筆者による。以下同様。）とあるのに対して、「古典探究」には「古典などを通じた先人のものの見方、感じ方、考え方との関わりの中で伝え合う力を高め、自分の思いや考えを広げたり深めたりする」とある。「言語文化」と「古典探究」では関わる対象が変化していることが見て取れる。初学の段階でまず同時代を生きる他者、つまり生徒同士の対話を重視し、古典の読解力が養われた段階では生徒同士の対話に加え、作品とそこに表れた先人との対話を重視するよう、変化している。そして、生涯にわたって主体的に古典に向き合う姿勢を涵養するには、作品とそこに表れた先人との対話ができる読解力をつけることが求められているというわけだ。

### ㈠　教材採録状況と脚問・教材末設問の分析

まずは、令和五年度より履修が始まった「古典探究」の教科書について触れておく。九社十四種[1]が出版され、そのうち八社九種類[2]に「漁父辞」が採録されている。

以下に「漁父辞」が採録された各教科書の脚注・教材末の設問を、学習指導要領の内容で求められる習得事項に

応じてまとめておく。

○〔知識及び技能〕に関する設問

『学習指導要領』二「内容」〔知識及び技能〕（1）に挙げられた身につけるべき事項と各設問との対応を見てみたい。

ア　古典に用いられている語句の意味や用法を理解し、古典を読むために必要な語句の量を増やすことを通して、語感を磨き語彙を豊かにすること。

この事項は、句形・句法の理解や用字法を確認する設問と対応していよう。作品を読解する上でこれらの知識を確認することは必須だが、これらの設問が発問の中心になると伝達型授業になる畏れがある。そのため各社の教科書でも、句形・句法や用字法を確認するために現代語訳を求める設問はC社一社に留まり、その他は内容を説明させる手段として現代語訳させる設問となっている。

また、用字法の観点から、漢字のもつ複数の意味に着目させ、「語彙を豊かにする」設問もD社やH社で見られる。

A「自令放為」とは、どういう意味か。

B一一四ページ六行目からの漁夫の発言に使われている反語形が「何不…」[3]であるのに対して、一一五ページ二行目からの屈原の発言に使われている反語形は「安…乎」である。この反語形の違いによって両者の心理がどのように表現されているか、説明してみよう。

B「何不〜其波」[4]とはどういうことをいおうとしているのか。

C本文から疑問・反語の句法をすべて抜き出し、それぞれ現代語に訳しなさい。

D「与世推移。」とは、どのような意味か。

D「挙世」と「高挙」とに使われている「挙」の意味を辞書などで調べ、それぞれの場合の熟語をあげてみよう。

H「や」「と」「ともに」以外の「与」の読みを調べよう。

ウ　古典の文の成分の順序や照応、文章の構成や展開の仕方について理解を深めること。

エ　古典の作品や文章に表れている、言葉の響きやリズム、修辞などの表現の特色について理解を深めること。

この事項は、〔思考力、判断力、表現力等〕に関する設問とも共通するため、そちらで扱う。

○〔思考力、判断力、表現力等〕に関する設問

次に『学習指導要領』二「内容」〔思考力、判断力、表現力等〕A読むこと（1）に挙げられた身につけるべき事項と各設問との対応を見てみたい。

ア　文章の種類を踏まえて、構成や展開などを的確に捉えること。

イ　文章の種類を踏まえて、古典特有の表現に注意して内容を的確に捉えること。

この事項は、対句構造に着目させる設問と対応していよう。対句構造は、韻文だけでなく散文の中にも頻繁に出てくるため、漢文を読む上で必ず確認しておきたい事項である。そのため、五社で設問が設定されている。

A対句に注目して、漁父と屈原の問答を整理しよう。

D本文中から、字数・返り点などに注意して、対句表現を抜き出してみよう。

E「漁父辞」の対句表現を抜き出し、整理してみよう。

F本文から対になっている表現を抜き出してみよう。

G本文中の対句を抜き出してみよう。

また、部分的な構造だけに留まらず、漁父と屈原の問答によって作品が展開されている、という作品全体の構成

を読み取らせる設問も見られる。

　F作品全体の構成を考えてみよう。
ウ　必要に応じて書き手の考えや目的、意図を捉えて内容を解釈するとともに、文章の構成や展開、表現の特色について評価すること。
この事項は、作品中の表現の意味や理由を問う設問と対応していよう。入試や定期テストでもよく目にする形式の設問であり、各社の教科書でも多くの設問が設定されている。

A漁父の言う「聖人」とはどういう人か、説明してみよう。

B漁夫が「何故至於斯」と言ったのはなぜか。

B一一四ページ四行目からの屈原の発言には、どのような気持ちが表れているか説明してみよう。

C「寧赴湘流、葬於江魚之腹中」という表現には、屈原のどのような思いが込められているか、考えなさい。

Cなぜ「弾冠」「振衣」という行動をとるのか。

D「莞爾而笑」には、漁父のどのような気持ちが込められているか、考えてみよう。

H「斯」とは、屈原のどのような境遇を言っているのか。

また、「書き手の考えや目的、意図を捉えて内容を解釈する」ことは、作品中に多用された比喩表現を解釈する設問とも対応していよう。

B「衆人皆酔、我独醒」とは、どういうことの比喩か。

C「衆人皆酔、我独醒」とは、具体的にどのようなことか。

C次の表現は何の比喩か、それぞれ考えなさい。

　a漏其泥、而揚其波　b餔其糟、而歠其釃

E「濁」「清」はそれぞれどういうことか。

G「濁」「清」とは、それぞれどのようなことをたとえているか。

H「淈其泥而揚其波」はどういうことをたとえているか。

**エ　古典の作品や文章について、内容や解釈を自分の知見と結びつけ、考えを広げたり深めたりすること。**

この事項は、作品中に引用された語句や詩の解釈を求める設問と対応していよう。引用句「新沐者必弾冠、新浴者必振衣」を説明させる設問は、生徒の実体験を踏まえて類推させることが可能な設問であり、「自分の知見と結びつけ」て考えさせやすい設問でもある。一方、漁父が歌う「滄浪の歌」の解釈は八社すべての教科書で設問が設定されている。「冠のひも」と「足」を洗うことの比喩解釈はかなり難しいだろうが、当時「冠」が持っていた意味を推察させることで、学習者の考えを広げたり深めたりすることにつながるであろう。

A屈原は、「新沐者必弾冠、新浴者必振衣」という言葉を引くことで何を主張しようとしたのか、説明してみよう。

B一一六ページ六行目の歌を通じて漁夫が言いたいのはどういうことか、説明してみよう。

C「漁父」の歌には、どのような思いが込められているか、まとめなさい。

Dこの歌に託された漁父の心境は、どのようなものか。

E「滄浪之水」の詩の趣旨と同じ部分を、本文から抜き出してみよう。

F漁父の歌った歌謡の意味を考えてみよう。

G漁父の歌は、どのようなことをいおうとしたものか、説明してみよう。

H「歌曰」以下の歌に託した漁父の心境は、どのようなものか。

**カ　古典の作品や文章などに表れているものの見方、感じ方、考え方を踏まえ、人間、社会、自然などに対する**

自分の考えを広げたり深めたりすること。

この事項は、漁父と屈原の対照的な生き方・考え方をまとめたり説明したりする設問と対応していよう。「漁父辞」は二者の対照的な生き方・考え方を読み取らせるのに適しており、設問あるいは言語活動のどちらかで必ず触れられていることが確認できた。言語活動については別に触れる。

D濁った世でどのように生きるべきかについての、漁父と屈原との考え方の違いをまとめよう。

F屈原と漁父の問答について、それぞれの考え方をまとめ、その違いについて考えてみよう。

G屈原と漁父の考え方の違いを、まとめてみよう。

H屈原と漁父は、それぞれどのような主張をしているか、要約しよう。

○言語活動

各社の言語活動を見てみると、『学習指導要領』「読むこと」の言語活動例ア「古典の作品や文章を読み、その内容や形式などに関して興味をもったことや疑問に感じたことについて、調べて発表したり議論したりする活動」を意識した活動が六社と最も多く見られた。

B屈原と漁夫の言動に注目して、それぞれどのような人物として画かれているか、話し合ってみよう。

C屈原と「漁父」の人生観をまとめ、それぞれについてどのような感想を持ったか、話し合いなさい。

D屈原のような生き方についてどのように思うか、話し合ってみよう。

E「屈原」と「漁父」の意見の相違について、自分がどちらに共感できるか、グループで話し合ってみよう。

G漁父と屈原、どちらの考え方を支持するか。立場を明らかにして、ディベート形式で討論してみよう。

H屈原の生き方と漁父の生き方について話し合おう。

G社の「ディベート形式で討論」するという形式も含めて、生徒同士が「話し合う」活動は、言語文化の目的とする「他者との関わり」が重視された表現といえよう。また、話し合いの内容については、各社とも屈原と漁父の生き方の違いに焦点が当てられている。

一方、古典探究の目標に示された「古典などを通じた先人のものの見方、感じ方、考え方との関わりの中で伝え合う」ことを通じて、「古典の作品に関連のある事柄について様々な資料を調べ、その成果を発表したり報告書にまとめたりする活動」(『学習指導要領』「読むこと」の言語活動例オ)が二社の言語活動に示されている。

一つは『孟子』離婁編上に載る話を読み、「滄浪の歌」の読み取り方が、「漁父辞」と『孟子』とでどのように異なるか、説明してみよう、というA社の言語活動である。

これまでも各社の指導書に「滄浪の歌」が『孟子』離婁編上に「孺子歌」として見えているという指摘があったため、同様の取り組みをすでに実践している先生方もおられよう。しかし、複数テキストを比較する活動が教科書に記載されたのは、大きな変更と考えてよいだろう。

もう一つは「愛蓮説」で紹介される三つの生き方を元に、「漁父辞」に見られる漁父・屈原の生き方を分類させつつ、生徒自身はどの生き方を理想とするか文章にまとめて発表させる、というD社の言語活動である。これは、『学習指導要領』「読むこと」の言語活動例イ「同じ題材を取り上げた複数の古典の作品や文章を読み比べ、思想や感情などの共通点や相違点について論述したり発表したりする活動」を意識したものとなっている。本活動は読むことに関する事項オ「古典の作品や文章について、内容や解釈を自分の知見と結びつけ、考えを広げたり深めたりすること。」につながり、教材を重層的に理解し、自らの生き方に向き合うことが可能だ。

以上二つの活動は複数教材の読解が前提であり、かなり高度な活動に感じられるが、『学習指導要領』「古典探究」の目標と、その履修時期を考えた場合、今後の授業で中心となっていく活動だと感じられる。

## 三、言語活動例「作品を読んで記述問題とその解説を作ろう」

二で俯瞰したように、教科書の設問も『学習指導要領』の目的に合わせて言語活動を重視する形へと変化しつつある。そこで、筆者が実践した言語活動を例に、自ら古典を読解できる基礎知識の習得と言語活動を両立させ、自ら生涯にわたって古典に親しみ、向き合える能力を育成する授業について考えてみたい。

次の実践報告は「漁父辞」を教材とし、設問を生徒自らに作成させ、グループの中での議論を通じて設問に対する合理的な解説を書かせるというものだ。

教材に「漁父辞」を選んだ理由は、

①屈原と漁父の演劇的ともいえる問答により話が展開するため登場人物が少なく、二者の考え方の対比が捉えやすいこと。
②比喩表現が多く、読解に向いていること。
③全部で二一一字という長さが、共通テストや大学二次試験の素材文の長さに類似していること。
④多くの教科書に採録されていること。

の四点を挙げておきたい。

以下に実践の報告と考察、今後に向けた改善点を提示する。

### (一) 実践方法

【単元名】作品を読んで記述式問題とその解説を作ろう

【授業対象】高校二年生（勤務する私立男子進学校、二〇二三年十一月実施）
【授業科目】古典探究
【配当時間】三時間
【学習材】屈原「漁父辞」
【単元の目標】
①与えられた情報（ふりがなや脚注）と、自ら調べた情報を用いて文章を深く理解する。
②屈原と漁父が互いの主張を述べ合う展開を的確に捉える。
③多用された比喩表現の意味を的確に理解する。
④書き手の考えや目的、意図を捉えて内容を解釈し、設問にすべき箇所と問い方を考える。
⑤話し合いの仕方や結論の出し方を工夫し、納得できる解答例と解説をグループで作成する。
【授業の展開】
第一時
①ふりがなと脚注を付した教材「漁父辞」（【資料】①）を配付し、全文を斉読する。その際、読み方や意味のわからない語句を確認させる。音読することで、理解しにくい箇所を明確にし、把握させる。
②登場人物を確認させ、作品中の会話の主体を確認させる。
③比喩表現について考察させ、解説する。
④句形・句法については、各自辞書や副教材で確認させる。
⑤本時での作品理解を踏まえ、生徒個人で記述式問題とその解答例・解説を考えさせる。時間が足りない場合は家で取り組ませてもよい。

第二時

①クラス全体を四～五名ずつのグループに分ける。

②生徒個人が考えた記述式設問とその解答例・解説を回し読みさせ、互いにコメントさせる。

③話し合いを通じてグループの中で記述式設問を一つ選ばせ、問い方や解答例、解説を作り込ませる。

④提出用用紙（【資料】②）に丁寧に清書させ、提出させる。

第三時

①各グループが作成した設問を集約したものを配付する。

②配付された設問と解答案・解説に目を通させ、提示された解答例と解説に合理性があるか考察させる。

③各グループが作成した設問と解説について、生徒に評価させる。

## ㈡　設問作成活動から見えてきたこと

実施前は設問を作る作業に生徒が戸惑うことが予想されたが、結果として大変積極的に取り組んでくれた。理由として以下の三点を挙げておきたい。

- 自ら設問を作る過程で、作品の読解が目的から手段へと変容したこと。
- 面白い設問や解説を作成し、他の生徒から評価されたいと考える生徒が多かったこと。
- 互いの解釈を述べ合い、議論する過程で生徒同士の交流が自然と生まれ、作品への理解が深まったこと。

また、設問作りをグループ単位にしたことで、理解の十分ではない生徒が他の生徒に相談しやすい環境となったようだ。以下に生徒たちが実際に作成した設問を、設問の箇所や方向性によってまとめた。

①屈原自身は追放された理由をどのように考えているか。

②漁父はなぜすぐに屈原を見て三閭大夫だと気づけたのか。
③「何故至於斯」に対する屈原の答えをまとめよ。
④聖人とはどのような人を指すか。／漁父と屈原とで聖人の捉え方の違いを説明せよ。
⑤「聖人～推移」とはどういう意味か。
⑥あなたならどのような比喩で屈原を説得するか。
⑦「新沐～振衣」について、漁父の言いたいこととどう齟齬があるか。／どんなことを言いたいのか。
⑧「安能～埃子」とあるが、どういうことか。
⑨漁父がにっこりと笑ったのはなぜか。
⑩漁父の歌を解釈せよ。／どのような心境を表現しているか。／漁父が伝えたかったことは何か。
⑪なぜ漁父と屈原は再び話すことがなかったのか。
⑫この後屈原はどんな行動に出ると考えられるか。
⑬漁父の昔の職業を推察せよ。／漁父は何者だと考えられるか。

二で考察した各教科書の設問と生徒が作成した設問を比較してみると、設問箇所が重なる設問、設問内容が包含されている設問が多くあることに気づかされる。「漁父の辞」の字数が短いこと、作品の展開が明快なこともその理由の一つであろうが、作品の勘所、読解が面白い箇所を生徒自身がしっかりと感じ取れていることもその一因であろう。

提示された設問に導かれて行う読解と、生徒自身が設問を作るために取り組む読解とでは、読解を手段とするか目的とするかの違いがあり、取り組む姿勢に大きな差を生じるように感じる。脚問を省いた教材を用いた本実践を通じて、生徒の理解を補助するために教科書に掲載された設問は生徒が主体的に教材と向き合う上で本当に有効なのか、ということを改めて考えさせられた。作品の勘所を予め示すことが、生徒が主体的に作品に向き合う楽しさ・意欲を減じているとすれば、それは残念なことだ。本来教科書の教材も、作品の読解自体が目的ではなく、読解を通じて言語運用能力の育成を図ることを目的としているはずだ。

以上のことを踏まえると、教科書が提示すべき設問とは、読解自体を目的とした設問ではなく、読解を手段として言語運用能力を高める設問となるはずだ。その一例が、複数テキストを比較して考察する設問、言語活動であろう。二で見たA社とD社の言語活動のような方向性は、今後授業の主流となっていくものと考える。(5)

## ㈢ 設問の考察

生徒が作成した前記の設問のうち、教科書と重複しなかった設問について以下に考察したい。

② 漁父はなぜすぐに屈原を見て三閭大夫だと気づけたのか。

【考察】 この設問に対しては着眼点の鋭さを評価する意見が大きかった。作品の初めに三閭大夫であることを漁父が問うていることを、ご都合主義の展開とはせず、そこに疑問を抱いたことが評価された。提示された解答例は「漁父は神であり、万能であるから」というものであり、論理性が十分でないとして批判の対象となった。授業では、「漁父は超越者と考えるのが妥当である」といった修正意見も出され、議論が盛り上がった。

⑥ あなたならどのような比喩で屈原を説得するか。

【考察】 設問自体はユニークだと評価されたものの、解答例と解説が練り切れておらず、そこを指摘する声が多かった。『宋書』袁粲伝に見える「狂泉」の話を紹介してもよかったかもしれない。

⑪ なぜ漁父と屈原は再び話すことがなかったのか。

【考察】 漁父が笑いながら去った場面とも連動し、設問にしやすい箇所である。主語を誰として解釈するかで解釈の分かれるところであるようだ（二〇一〇矢田[6]）。主語を漁父と屈原の両者と捉え、「漁父は屈原の無意識下の考えを体現した幻であり、屈原が漁父の意見を受け入れたから」とする解答が出た一方、主語を漁父と捉え、「漁父との会話を通しても結局屈原の潔癖であろうとする意志は変わらなかったので、漁父はそれを察してもう話しかけなかったから」という解答も出た。

⑫この後屈原はどんな行動に出ると考えられるか。

【考察】本文の続きを想像させる設問である。屈原が入水自殺をほのめかすセリフがあり、史実としても汨羅に身を投じていることを踏まえて作成された設問だと推察される。

⑬漁父の昔の職業を推察せよ。／漁父は何者だと考えられるか。

【考察】さまざまな解答が出る設問となった。設問②とも関連しているが、屈原を一目見て三閭大夫と言い当てる漁父が一体何者なのか、ということを設問にした着眼点の鋭さには多くの生徒が感心していた。設問②では「超常的存在、神」といった解答であったが、「元官僚」「未来の屈原が今の屈原の元を訪れている」「ドッペルゲンガー」といった解答も挙がり、②同様に議論が盛り上がった。

ここまで生徒が作成した設問を考察してきたが、授業では互いが設定した設問と解答例・解説に興味深そうに目を通す姿が印象的であった。自らが問いを設定し、それに向き合うことで、生徒も主体的に作品と向き合えたようだ。

教科書ではD社だけが設定している「『莞爾而笑』には、漁父のどのような気持ちが込められているか、考えてみよう。」という設問は、本活動においては「漁父が笑ったのはなぜか」という形で一番多く設問が設定された。解答例や解説も多岐にわたって大変読み応えがあった。

もし教員から全体に向けて「漁父が笑ったのはなぜか」と問いかけていたら、果たして同じくらい多数の解答例と解説が出てきただろうか。自分たちで設定したからこそ、責任を持って作品と向き合い、解答例と解説を考え、多岐にわたる解答がでたものと考える。

## 四、おわりに

先行きが不透明な現在、これまでのように与えられた問いに答える力よりも、自ら問いを設定する力が求められていると言われて久しい。古典探究でも、この問題を設定する力の育成が望まれているだろう。これまでの古典教材を扱う授業で実施されてきた、教員や教科書が提示する設問を通じて内容を正確に読み取ることを目的とした伝達型授業がすべて間違っていた訳ではないが、もっと主体的に読解させせよ、という文部科学省の方針には賛同したい。

平成二十八年十二月の中央教育審議会「幼稚園、小学校、中学校、高等学校及び特別支援学校の学習指導要領などの改善及び必要な方策などについて（答申）」でも「高等学校教育については、大学入学者選抜や資格の在り方等といった外部要因によりその在り方が規定されてしまい、目指す教育改革が進めにくい」（第二部第一章4（1））、「高等学校では、教材への依存度が高く、主体的な言語活動が軽視され、依然として講義調の伝達型授業に偏っている傾向があり、授業改善に取り組む必要がある」（第二部第二章1（1）①）との指摘がなされている。

伝達型授業からの転換を意図した本活動だが、ある程度読解力のある生徒が一定数いることで成立している側面も否定できない。ただ、主体的に読解する活動を簡単な教材から積み重ねつつ、思考や読解を深める経験を蓄積してきたことで到達できた、ということも併せてご紹介しておきたい。主体的な読解を求める方向性は、今後ますます加速していくものと考えられる。そのような流れの中で、本実践が言語活動を考える一助になれば幸いである。

また、本実践を二〇二三年に実施したときは、本校では一人一台の端末はまだ行き渡っていなかったが、今日現在、多くの高校で一人一台の端末が導入されている。本実践も、たとえばOpenAI（ChatGPT）が設定する設問と生徒が設定する設問とを比較する、といった実践へと発展させることも考えられるだろう。[7] 引き続き自発的な読解を可能とする実践を模索して行きたい。

## 【資料】①

**漢文読解～『楚辞』「漁父之辞」、自分で記述問題を作ってみよう**

次の文は戦国時代、楚の政治家・文学者の屈原の作である。楚王の一族で、懐王に仕え、三閭大夫（＝王室のことを司る長官）となった。潔癖な性格で、衰えかけた国政を盛り返し、世の乱れをただそうとしたが、反対派の讒言にあって追放された。

屈原《くつげん》既[1]放、遊於江潭、行《ゆくゆく》吟沢畔。顔色憔悴、形容枯槁。

漁父見而問之曰、子非三閭大夫与。何故至於斯[2]。

屈原曰、挙世皆濁我独清、

衆人皆酔我独醒。是以見放。

漁父曰、聖人不凝滞於物、而能与世推移。

世人皆濁、何不[3]淈其泥而揚其波。

衆人皆酔、何不[4]餔其糟而[5]歠其釃。

何故[6]深思高挙、自令放為。

屈原曰、吾聞之、[7]新沐者必[8]弾冠、新浴者必振衣。

安能以身之[9]察察、受物之[10]汶汶者。

寧赴湘流、葬於江魚之腹中、

安能以[11]皓皓之白、而蒙世俗之塵埃乎。

漁父[12]莞爾《くわんじ》而笑、[13]鼓枻而去。乃歌曰、

[14]滄浪之水清兮　可以濯吾[15]纓

滄浪之水濁兮　可以濯吾足

遂去、不復与言。

【語注】

1 既放＝「既」は下につく動詞の動作が完了したことを示す。屈原は追放されてしまい、の意。この時屈原は讒言により無実の罪で追放された。
2 斯＝こんな境遇。
3 淈其泥＝その泥水をかき混ぜて。
4 餔其糟＝その酒粕を食べる。
5 歠其釃＝そのかす汁を飲む。
6 深思高挙＝深く思い詰め、孤高の態度を取り、の意。
7 新沐＝この「新」は、～したばかり、の意。「沐」は、髪を洗う意。
8 弾＝指で弾く。
9 察察＝潔く堅来かな様子。
10 汶汶＝汚れている様子。
11 皓皓＝汚れのない様子。
12 莞爾＝にっこりする様子。
13 鼓枻＝櫂の音をたてながら船をこいで。「鼓」は音を立てる、「枻」はオールの意。
14 滄浪＝漢水の別名。長江に注ぐ。
15 纓＝冠のひも。

設問　自分で本文中に傍線を引いて記述式問題を作り、その解答案を作成しよう。

| 設問 | 解答案 |
| --- | --- |
| | |

## 【資料】②

◆本文中、設問とする箇所には傍線を引くこと。

屈原《くつげん》既[1]放、遊於江潭、行《ゆくゆく》吟沢畔。顔色憔悴、形容枯槁。漁父見而問之曰、子非三閭大夫与。何故至於斯[2]。屈原曰、挙世皆濁我独清、衆人皆酔我独醒。是以見放。漁父曰、聖人不凝滞於物、而能与世推移。世人皆濁、何不[3]淈其泥而揚其波。衆人皆酔、何不[4]餔其糟而[5]歠其釃。何故[6]深思高挙、自令放為。屈原曰、吾聞之、[7]新沐者必[8]弾冠、新浴者必振衣。安能以身之[9]察察、受物之[10]汶汶者。寧赴湘流、葬於江魚之腹中。安能以[11]皓皓之白、而蒙世俗之塵埃乎。漁父[12]莞爾《くわんじ》而笑、[13]鼓枻而去。乃歌曰、[14]滄浪之水清兮可以濯吾[15]纓。滄浪之水濁兮可以濯吾足。遂去、不復与言。

課題　グループの中で良問を選び、ブラッシュアップして提出する。

| 設問 | 解答案 |
| --- | --- |
| | |

解説（根拠を示し、相手が納得するように説明する。）

グループ提出用　　組　班員（　・　・　・　）

■注■

（1）一般社団法人教科書協会ＨＰによる。https://www.textbook.or.jp/textbook/publishing/high-japanese.html（最終閲覧日：二〇二五年一月十八日）

（2）『古典探究漢文編』（第一学習社）Ｂ『古典探究漢文編』（桐原書店）Ｃ『古典探究漢文編』（筑摩書房）Ｄ『精選古典探究漢文編』（明治書院）Ｅ『古典探究』（文英堂）Ｆ『古典探究』・『古典探究漢文編』（数研出版）Ｇ『精選古典探究』（三省堂）Ｈ『精選古典探究漢文編』（東京書籍）

（3）Ｂ社の教科書から引用した設問では訓点を省略している。

（4）本文引用部分が長い場合、一部を省略して表記した箇所がある。

（5）一人一台端末が行き渡った現在、複数テキストを比較する設問でさえ生徒自身で設定できる可能性がある。例えば「滄浪の歌」という単語をネットで検索すると、予想検索として「孟子」が出てくるため、『孟子』離婁編上「孺子歌」にたどり着いてＡ社のようにテキストを比較する設問を設定することも可能ではある。生徒の検索能力次第で複数テキストの比較にも到達することが叶う環境が整ったといえる。

（6）矢田尚子「笑う教示者―楚辞『漁父』の解釈をめぐって―」（『集刊東洋学』第一〇四号、二〇一〇年十月）。

（7）ChatGPTに「漁父辞と別の教材を用いて複数教材を比較する言語活動を行うとしたら、どの教材がおすすめか、理由とともに教えて」と打ち込んだところ、『荘子』「逍遙游」、松尾芭蕉『奥の細道』、村上春樹『ノルウェイの森』の3作品を理由や具体的な比較ポイントを挙げた上で勧めてきた。

ChatGPTの回答を読むと、作品自体を深める活動ではなく、作品同士を掛け合わせることで生徒の人生観を広げようとしているのが見て取れた。『荘子』との比較では「自然との調和に対する考え方の違い」「人生の目的や自己実現についてのアプローチの違い」を具体的な比較点として挙げ、『奥の細道』では「自然の描写とその象徴的な意味」「内面的な探求や心の平穏に対するアプローチの違い」を挙げ、『ノルウェイの森』であれば「内面的な葛藤や人生の目的に対する考え方」「自己探求のプロセスとその表現方法」を挙げている。

■参考文献■

大滝一登『高校国語　新学習指導要領をふまえた授業づくり　理論編』、明治書院、二〇一八年

町田守弘監修『〔第四版〕実践国語科教育法「楽しく、力のつく」授業の創造』、学文社、二〇二四年

# 第五章

## 「古典探究」の漢文関連教材の授業実践

### ――「言語文化」での実践をヒントとして――

齋藤　彰子

### 一、はじめに

選択科目である「古典探究」においては、『学習指導要領』で、「生涯にわたる社会生活に必要な国語の知識や技能を身に付け」「我が国に伝統的な言語文化に対する理解を深めることができるようにする」こと、「論理的に考える力」「深く共感したり豊かに想像したりする力」「伝え合う力」を高め、「自分の思いや考えを広めたり深めたりすることができるようにする」こと、「言葉がもつ価値への認識を深め」「生涯にわたって古典に親しみ自己を向上させ、我が国の言語文化の担い手としての自覚を深め、言葉を通して他者や社会に関わろうとする態度を養う」ことが求められている。

本校のカリキュラムでは、一年次で「言語文化」三単位を履修して、「古典探究」は二年次で三単位、三年次で二単位を分割履修する。「言語文化」で学んだ古典の基礎を二・三年次でどのように発展させていくか、上述の求められる力の育成をどのように達成するか、教材をどう扱えばよいかを、試行錯誤しながら進めている。特に、大きな課題と考えることは、古典に苦手意識を持つ「古典嫌い」の生徒にどのように興味・関心をもって授業に臨んでもらうかである。実際、「古典は苦手です。特に漢文が…」そんな声が生徒からよくあがる。「中国の古典の文章なんて、難しくて親しめません」そんな声にどう応えていくか。

筆者は漢文の学習を通して、先人たちが何を想い、何を教訓とし、何を書き残そうとしたのかを読み取ることができると考える。さらに、私たちの文化のなりたちやその魅力を知ることができる。現代社会を見直す機会や課題の発見につなげることも期待できる。生徒たちには学ぶ意義をもって学習に前向きに取り組んでもらい、さまざまな気づきや発見のなかから自分なりのおもしろさをつかみ取ってもらいたいと考えている。その思いを授業で形にできるように、生徒の古典嫌いの解消を目指して取り組んでいるところである。

本稿では、これまで担当してきた「言語文化」での取り組みを紹介しつつ、その手法を生かしながら発展させ「古典探究」の授業をつくるとすれば、どのような実践が効果的か検討した。

意識したことは、学習者の意欲を喚起し、より深く広い古典分野の学びにつなげ、古典に親しむ心や社会生活に生かそうとする視点を持たせられるようにすることである。また、「個別最適な学びと協働的な学びの一体的な実施」を意識しながら、複数の資料を比較したり、必要な情報を抽出して組み合わせ自分の主張につなげたり、柔軟に考え適切に判断したりする活動を取り入れた。

## 二、授業実践

### ㈠　中国とのオンライン交流を通し中国の文化や文学に親しむ授業

報告は宮城県立高等学校での実践に基づく。中国とのオンライン交流は、前任校での一年次の授業（一時間）での取り組みとなる。iPadをグループに一台ずつ配布し、学習用Wi-Fiに接続したテレビ会議アプリでの交流であった。クラス全体で交流するよりも積極的に話し合いに参加する生徒の姿が見られ、実りの多い学びの機会となった。

○「言語文化」で実践したこと

「我が国の言語文化の特質や我が国の文化と外国の文化との関係について理解すること」「文章の種類を踏まえて、内容や構成、展開などについて叙述を基に的確に捉えること」を目標とし、日本と中国の「五節句」の文化に親しむ授業を展開した。

まず、王維の漢詩「九月九日山東の兄弟を憶ふ」を読み、九月九日の重陽の節句について調べる活動を取り入れた。日本人にとっては馴染みのない節句であるが、中国では「登高」の習慣があり、家族が集まる大切な節句だったことを理解させた。

次に、『紫式部日記』の「菊の露」を読み比べた。菊花にかぶせた霜よけの綿に延命除災の効能があると考えられていたことを読み取り、平安時代には宮中の年中行事として菊の宴が催されるなど、大切にされていた日だったことを理解させた。このとき、「五節句」という言葉も紹介し、重陽以外にも「人日」「上巳」「端午」「七夕」があり、古来季節の変わり目を祝った日であったことを知らせた。

次に、五節句について、現代中国での捉え方を知り、日本と比べるために、日本語を学ぶ中国人学生（五名）とオンライン交流を行った。学生は上海や北京在住の方であり、筆者の知り合いに無理を言ってお願いする形で実現したものである。生徒は、中国の祝日にはどのようなものがあるかインタビューしたり、王維の漢詩を中国語で読んでもらったりするなどの交流を実施した。所要時間は三十分程度で短い間ではあったが、生徒たちから中国の言語文化に対してさまざまな質問が飛び出し、充実した内容になった。漢文や中国をより身近なものとして捉え、文化に対する興味を喚起する上でも成功した取り組みであった。

○「古典探究」で実践したいこと

【目標】〈知識及び技能〉（2）ア　古典などを読むことを通して、我が国の文化の特質や、我が国の文化と中国など外国の文化との関係について理解を深めること。

【漢文教材】故事成語

【授業のながれ】

(1)故事成語で日本の使い方と中国の使い方が違うものを知る。

(2)グループごとに故事成語を調べ、日中の違いをまとめる。

(3)日中の教室をつなぎオンライン交流。

「古典探究」では、故事成語として「塞翁馬」「画竜点睛」「漱石沈流」などを学ぶ。こうした言葉は日本でも広く知られており、日常的に使われている。一方で日本ではあまりポピュラーではない故事成語も多くある。例えば、「対牛弾琴」である。牛に向かって琴を弾くことから、「何の効果もなく無駄なこと」をあらわす。日本においては、同じ意味の諺、「猫に小判」の方がよく知られている。

また、「一刀両断」という故事成語は、日本では、きっぱり思い切った処置をすることとして日常的に用いられる。対して中国では、きっぱりと人と関係を断ち切る意味でも使われている。

以上のように、日本ではあまり使われない故事成語や、日中で意味が異なる故事成語を知ることで、中国だけでなく日本の言語文化への関心も高まると考えた。

この授業では、中国とのオンライン交流の手法を用い、中国の高校と日本の高校の教室同士をつなぎ、グループごとにやりとりすることを考えている。調べた故事成語を紹介し、中国でどのように使われているか聞いたり、日本で知られている諺を紹介し、それに類似する中国の諺があるかを聞いたりする。このとき、教科横断的授業として英語科と協力し、高校生同士英語で意見を交換させたい。オンライン交流で、日中が共有する文化といえる漢文をともに学び合うことにより、国際的視野の涵養にもつながるであろう。なお、オンライン交流は一度きりで終わらせずに、継続した交流を視野に入れ、企画していきたい。

## (二) 先人の主張を解釈して自分の考えをひろげる授業

○「言語文化」で実践したこと

「言文一致や和漢混交文など歴史的な文体の変化について理解を深めること」「自分の思いが効果的に伝わるよう、文章の種類、構成、展開、文体、描写、語句などの表現の仕方を工夫すること」を目標とし、『論語』と兼好法師『徒然草』の一節を比較する授業を実践した。あるテーマ（死生観、友情など）について、孔子と兼好法師のそれぞれのことばを解釈して比較し、主張を読み取るという内容である。次に、『論語』『徒然草』の作品の特徴や内容を考え併せ、一体彼らがどのような考え方を持っていた人か考察した上で、自分の意見を小論文にまとめさせた。

授業では、『論語』『徒然草』の文章の解釈に時間がかかったものの、グループごとに比較の結果を発表し合い、自分なりの意見を文章にまとめることができた。「兼好法師は仏教の考え方、孔子は仁に代表される儒教の考え方を持っている」「兼好法師は日本で論語を読んで孔子の考えに触れ、自分だったらどう考えるかを随筆に書いたのだと思う」「兼好法師が友とするべき人として、物をくれる友と述べているが、現代の私たちも共感できる。しかし、すこし打算的ではないかと感じてしまう」等の意見があった。それぞれの主張に対して、自分はどう考えるかを文章にしたことで、より深く論理的に文章を読むことができた。

【図５－１】
使用したスライドの一部

○「古典探究」で実践したいこと

【目標】〔思考力、判断力、表現力等〕A読むこと（１）カ　古典の作品や文章などに表れているものの見方、感じ方、考え方を踏まえ、人間、社会、自然などに対する自分の考えを広げたり深めたりすること。

【漢文教材】諸子百家の思想

【授業のながれ〈１〉】

(1)グループに分かれ、孟子、荀子、韓非、荘子、墨子の主張を調べまとめる。

(2)それぞれの主張を発表する。

(3)お題を出し、それについてグループ（諸子百家）ごとの答えを出す。

(4)それぞれのお題への答えを発表する。

諸子百家については、「言語文化」で孔子を扱い、その他孟子、荀子、韓非、老子、荘子、墨子等は「古典探究」で扱うことになる。

実践したい授業では、グループごとに担当した諸子百家の主張をまとめ、複数のお題に対しての答えを出す。手順は、まず、諸子百家がどのような思想を持ち、主張をしたのかを知る時間をつくる。グループごとに調査しまとめる時間を十分に取りたい。教科書に掲載の文章を取り上げながら、図書館の書籍やインターネットを使って

調べさせる。グループで調査結果がまとまったら、それぞれの主張を三分程度ずつスピーチする。例えば、

・孟子：人間は天から善なる性を受けてこの世に生まれるのだ！儒教を学んでもともと持っている仁義礼智の心の糸口を発展させていこう！
・荀子：いや、人間の本性は利欲の追求にあるのだ！欲を制するために礼が必要なのだ！礼儀と道徳による教育を重んじなければ！
・韓非：そうだ、人はとにかく利己的だ！これを放置すれば必ず乱れる。これを治めるために法律が必要なのだ！
・荘子：人間の性とは、自然なのだ！自然の立場に立ちましょう。自然に帰りましょう！
・墨子：人はやっぱり天の意思に従うべきだ！天は人が傷つけあうのはよくないと思うはず。人々を平等に愛そう、平和を目指そう！

などという意見が想定される。

ここで、各諸子百家たち（グループ）にお題を出す。例えば、「よりよい高校生活を送るにはどうすればよいと思いますか」「勉強することは大切でしょうか」「人の幸せとはなんでしょうか」などである。これらのお題は諸子百家について理解を深め、自分たちなりに考察した上で答える必要がある。授業者から、参考文献を紹介することも必要だ。これらのテーマにどのような意見や答えを出すかを検討し、再び発表し合う。他の諸子百家に対して質問をしたり、反対意見を述べたりしてもよい。

【授業のながれ〈2〉】

(1)「孝」について孔子の主張を『論語』から抽出する。
(2)郭居敬『二十四孝』を読む。

儒教における伝統的な徳目の一つ「孝」について学びを深める授業である。

まず、『論語』為政第二　に、

（親が）生けるには之に事ふるに礼を以てし、死すれば之を葬るに礼を以てし、之を祭るに礼を以てす

とあるように、孔子が親を敬うことを重要だとし、祖先祭祀の大切さを説いていることを例に挙げつつ、『論語』における「孝」の考え方をグループでまとめ、共有する。（学習支援アプリの共有機能を使用。以下の共有の場面も同様。）

次に、元の郭居敬が編纂した『二十四孝』について紹介する。これは、世の模範として孝行に優れた二十四人の人物を取り上げた書物である。日本にも伝わっており広く寺子屋などでも学ばれてきた。教えを伝える絵も多く残っているので、見たことがある生徒もいるかもしれない。

有名な、室町時代末成立の『御伽草子』『二十四孝』「孟宗」を提示する。

　泪滴朔風寒　蕭々竹數竿　須臾春筍出　天意報平安

孟宗は、いとけなくして父に後れ、ひとりの母を養へり。母年老てつねに病みいた葉り、食の味はひも度毎に変りければ、よしなき物を望めり。冬のことなるに、竹子のほしく思へり。則孟宗竹林に行もとむれ共、雪深き折なれば、などかたやすく得べき、ひとへに天道の、御あわれみを頼み奉るとて祈をかけて大きに悲しみ、竹に寄り添ひける所に、にはかに大地ひらけて、たけのこあまた出生侍りける。大きに喜び、則取りて帰り、あつものにつくり、母に與へ侍りければ、母、是を食して其まゝ病もいえて、齢をのべたり。是ひとへに、孝行の深き心を感じて、天道より與へ給へり。

この『御伽草子』は、平易な読み物として『二十四孝』を再話したものであり、生徒にとっても読解しやすい。文章を読んで、『論語』の示す「孝」の考え方と比べ、気づいたことや考えたことをグループで共有する。

『二十四孝』については、中国近代の魯迅『二十四孝図』や福澤諭吉『学問のすゝめ』など、批判的な評価もあ

る。福澤諭吉は、

古来和漢にて孝行を勧めたる話ははなはだ多く、『二十四孝』をはじめとしてそのほかの著述書も計うるに遑あらず。しかるにこの書を見れば、十に八、九は人間にでき難きことを勧むるか、または愚にして笑うべきことを説くか、はなはだしきは理に背きたることを誉めて孝行とするものあり。寒中に裸体にて氷の上に臥しその解くるを待たんとするも人間にできざることなり。夏の夜に自分の身に酒を灌ぎて蚊に食われ親に近づく蚊を防ぐより、その酒の代をもって紙帳を買うこそ智者ならずや。父母を養うべき働きもなく途方に暮れて、罪もなき子を生きながら穴に埋めんとするその心は、鬼とも言うべし、蛇とも言うべし、天理人情を害するの極度と言うべし。最前は不孝に三つありとて、子を生まざるをさえ大不孝と言いながら、今ここにはすでに生まれたる子を穴に埋めて後を絶たんとせり。いずれをもって孝行とするか、前後不都合なる妄説ならずや。畢竟、この孝行の説も、親子の名を糺し上下の分を明らかにせんとして、無理に子を責むるものならん。

（『学問のすすめ』八編）

と述べている。このような批評を紹介し、生徒に比べ読みを促すことにより、古来「孝」がどのように人々に受け止められてきたか考えるきっかけをつくることができる。また、生徒には、私たちの身近な生活の中で「孝」がどう考えられているか、儒教の考え方と違いがあるかどうかを振り返らせ、意見を交換させたいと考えている。

## (三) 漢詩とさまざまな形の文章を比較する授業

○「言語文化」で実践したこと

「自分の知識や体験の中から適切な題材を決め、集めた材料のよさや味わいを吟味して、表現したいことを明確にすること」「言葉がもつ価値への認識を深め、生涯にわたって読書に親しみ自己を向上しようと努めること」を目標とし、文学における象徴としての「月」のイメージについての授業を実施した。

教材としたのは、唐詩である。「月」が登場する詩は、三首教科書に掲載される。白居易「八月十五日夜、禁中に独り直し、月に対して元九を憶ふ」・李白「静夜思」・杜甫「月夜」である。それぞれの詩を読解したあと「月」がどのようなイメージをもって登場するか考えてまとめ、学習支援アプリで共有した。生徒からは次のような意見が出た。

- 全体的にロマンティックな雰囲気を演出する。
- 遠くにいる親しい人を思い出すためのもの。
- 静かで寂しい雰囲気。

次に、「月」が日本の詩歌ではどのように登場するかを考えさせた。例として生徒にとって親しみのある、次の百人一首を紹介した。

- 阿倍仲麻呂　「天の原ふりさけ見れば春日なる三笠の山に出でし月かも」
- 大江千里　「月見ればちぢにものこそ悲しけれわが身一つの秋にはあらねど」

また、日本の物語の中で「月」が登場するものを調べさせた。『竹取物語』『山月記』があがった。

最終的には、日本と中国の月のイメージの共通点や相違点、中国以外の国や地域、文化圏での「月」のイメージを調査し報告書にまとめさせた。探究的な授業の展開により、文学における象徴について興味を持たせることができた。

○「古典探究」で実践したいこと

【目標】〔思考力、判断力、表現力等〕A（1）ウ　必要に応じて書き手の考えや目的、意図を捉えて内容を解釈するとともに、文章の構成や展開、表現の特色について評価すること。

【漢文教材】白居易「長恨歌」／源俊頼『俊頼髄脳』

【授業のながれ】

(1)「長恨歌」を読解する。

(2)「長恨歌」が日本の文学にどのような影響を与えたか調べる。

(3)「長恨歌」の内容と『俊頼髄脳』の内容を比較し気づくことをあげる。

(4)「長恨歌」の内容をモチーフにした和歌を創作し解説文を書く。

白居易の「長恨歌」は、日本の文学にさまざまな影響を与えてきた。紫式部『源氏物語』や清少納言『枕草子』などにも登場することを確認させたい。そのなかでも、教科書にも掲載がある源俊頼『俊頼髄脳』の散文「楊貴妃がことを詠める」と比較読みをすることで「長恨歌」の内容の理解をより一層深めることができるだろう。内容の共通点や相違点については、チャート（ベン図など）を使いながら整理させたい。

『俊頼髄脳』では、源道済の「思いかね別れし野べをきてみれば浅茅が原に秋風ぞ吹く」の歌を紹介している。その内容を参考に、生徒たちに「長恨歌」をモチーフにした和歌を創作させる。更に、どのような工夫をしたか、どの場面をモチーフとしたかなど、それぞれが工夫したところを解説文にまとめさせる。相手に伝わるように、論理的で説得力のある解説文を書けるよう工夫させる。なお、創作した和歌と解説文はグループで共有し、相互評価する。

## (四) 中国の伝説上の生き物についての漢文を読む授業

○「言語文化」で実践したこと

「文章の種類を踏まえ内容などを叙述を基に的確に捉えること」「読書の意義と効用について理解を深めること」を目標とし、伝説上の生き物「騶虞《すうぐ》」についての授業を実施した。「騶虞」は近年、映画「ファンタスティック・ビーストと黒い魔法使いの誕生」（ワーナー・ブラザーズ／ヘイデイ・フィルムズ　二〇一八年）において、中国の魔法動物「ズーウー」という名前で登場した。よって、生徒たちの興味を引くことができる教材と考え採用した。

「騶虞」に関しての漢文として、次のものを紹介した。

・『山海経《せんがいきょう》』海内北経：

林氏国に珍獣有り。大きさは虎のごとく、五彩畢《ことごと》く具へ、尾　身に長し。名は騶吾と曰ふ。之に乗れば日に千里を行く。（※五彩：青・黄・赤・白・黒の五つの色。五色。おめでたい色。）

・『説文解字』巻六　虍部：白虎　黒文あり。尾身に長し。仁獣、自死の肉を食ふ。

・『埤雅』「釈獣」：騶虞、尾　身に参《くら》べ、白虎　黒文、西方の獣なり。云云。生草を践《ふ》まず、自死の肉を食ふ。（参：くらべる　文：紋　践：ふみつける　自：ひとりでに）

・『字彙』：騶虞、仁獣なり。（仁獣：想像上の動物である麒麟をいう場合が多い。）

上：『山海経図絵全像』
下：『和漢三才図会』

まずは生徒たちに漢文を提示し、グループごとに辞書を使いながら解釈させた。解釈をもとに、「騶虞」の絵を描かせた。絵を学習集支援ツールで共有した上で、右のような『和漢三才図会』『山海経図絵全像』などの絵を見せた。また先述の映画の「騶虞」の登場シーンも鑑賞させた。生徒の興味関心を喚起しながら、漢文を主体的に解釈させることができた。また、多種多様な漢文作品があることを知り、漢文の世界により興味が湧いたという感想も得られた。

○「古典探究」で実践したいこと

【目標】〔知識及び技能〕（2）エ　先人のものの見方、感じ方、考え方に親しみ、自分のものの見方、感じ方、考え方を豊かにする読書の意義と効用について理解を深めること。

【漢文教材】郭璞「山海経」（早稲田大学図書館蔵）

【授業のながれ】

(1)『山海経』に登場する伝説上の生き物について漢文をヒントに絵に描く。

(2)『山海経』に描かれる絵と自分の描いた絵を比較する。

『山海経』は、戦国時代から秦、漢代にかけて成立した中国の地理書であり、各地の伝説上の動植物や妖怪、神々などが多く含まれているのが特徴である。儒教の祖である孔子が「怪・力・乱・神」を語らなかったので、中国の神話は伝統の学問から排除されてしまったといわれるが、『山海経』はそれが現代に伝わる貴重な資料になっている。教科書に登場することはまずない。しかし、妖怪やモンスターが絶大な人気を集める日本で、高校生にとっては親しみをもって読むことができる教材といえるのではないだろうか。

『山海経』には、十八の目次がある。目次ごとにグループに分かれ、漢文を読み、登場する生き物の特徴を踏まえた絵を描く。描いた絵はほかのグループとも共有させたい。

例えば次のような文章がある。

『山海経』「山海経第一」「南山経」：

又東三百里を柢山と曰ふ。水多く草木無し。魚有り焉其の状牛の如し。陵に居れり蛇の尾ありて翼有り其の羽魼《きょ》下に在り。音留牛の如し。其の名を鮭と曰ふ。冬死して夏生る。之を食へば腫疾無し。この生き物について、次の絵が載っている。

自分たちが描いた絵と『山海経』の絵を比較してみるのも面白い。先人の感性や想像性を感じることができるだろう。

以上のように、「言語文化」であつかった内容を発展させる形で、より『山海経』の内容を深く理解する授業を実践したい。

## ㈤ 古文と漢文における英雄の悲劇について読み比べる授業

○「言語文化」で実践したこと

「叙述を基に、文体の工夫とその効果、内容や展開、構成について的確に捉えること」「作品の内容や解釈を踏まえ、自分の考え方を広げたり深めたりすること」を目標とし、『平家物語』「木曾の最期」を教材として、現代語で作成したシナリオをもとに、劇をする授業を実施した。それぞれの登場人物に、セリフを割り振る際には、実際本文では記載がない言葉も文脈に沿って考えさせた。シナリオの作成には、登場人物の行動や人間性の分析が必要となる。劇の発表は、一グループあたり十五分から二十分程度の時間をとって行った。一人ひとりのアクションも考え、練習時間も要したが、各グループで人物の分析がしっかりとなされていた。例えば「巴」は男性に引けをとらない勇壮な女武士であるが、その声音や行動をしっかり研究していた。

○「古典探究」で実践したいこと

【目標】〔思考力、判断力、表現力等〕A（1）エ　作品の成立した背景や他の作品などとの関係を踏まえながら、古典などを読み、その内容の解釈を深め、作品の価値について考察すること。

【漢文教材】司馬遷『史記』項王の最期／『平家物語』木曾の最期／芥川龍之介『英雄の器』

【授業のながれ】

(1)『史記』「項王の最期」を読む。

(2)芥川龍之介『英雄の器』における項羽の評価を読み取る。

(3)項羽の魅力を掘り下げる。

(4)『平家物語』木曾の最期との比較。

(5)「英雄」とはどういう人をいうのか考察させる。

司馬遷『史記』「項王の最期」を読解した上で、教科書に掲載されている芥川龍之介『英雄の器』を読む。作中、登場人物によって項羽がどのように評価されているか読ませ、人々を引き付ける魅力はどこにあるかをまとめる。次に、日本の古文で項羽のような「英雄」はいるかどうか考えさせたい。ここで「言語文化」で扱った『平家物語』木曽の最期に結び付ける。どちらも武力に長けた勇壮な武人が最期をむかえるシーンである。「言語文化」で劇をつくる際、登場人物の特性や場面について分析したことを踏まえれば、スムーズに進む。日中の英雄像を比較し、特徴をチャート（データチャートなど）にまとめさせる。

最後に、日中における「英雄」像を考えさせる。ここで紹介したいのは、芥川龍之介「木曽義仲論」（『東京府立第三中学校学友会誌』）である。木曽義仲について、「彼は自由の寵児也。彼は情熱の愛児也。而して彼は革命の健児也」「彼の一生は失敗の一生也。彼の歴史は蹉跌の歴史也。彼の一代は薄幸の一代也。然れども彼の生涯は男らしき生涯也」と述べていることを参考とさせ、「英雄」とはどういう人をいうのか考察させる。具体的に生徒からは、カリスマ性がある人物、悲劇的死を迎える人物、英雄には女性が付き従っている、といった意見が出ることが想定される。辞書的な意味での定義ではなく、作品に描かれる登場人物の描写を基にして考えさせたい。最後にそれぞれの考えを学習支援アプリで共有する。

また、折口信夫の「貴種流離譚」の考え方を紹介しながら、同じような型の物語を広く紹介し合い、読書の幅を広げる声がけをしてもよい。

## 三、課題とまとめ

各【授業のながれ】では触れなかったが、学習を通してどのように学習者の思考が変容したのかを可視化できるようにするため、授業の目的・目標を明確化した上で、振り返りや学んだことのまとめの時間を取り入れたい。また、評価基準の設定の検討と提示、評価目標が達成できたかの確認も必須である。

本稿では、「言語活動の充実」を意識した授業を紹介してきたが、授業では漢文を含む文章の音読、暗唱も適宜必要であるし、文法・句法・語彙力がすべてのベースともなる。確かな知識・読解力の向上と、言語活動とを、偏りなく扱うほかはない。

近年共通テストにおいても、複数の文章や資料を読み比べる問題、会話の場面を想定した問題が出題されている。テーマに沿って共通点や相違点をまとめる活動や、論理的な思考力を涵養することが求められることから、今後もどのような教材を選択していくべきか考え、改善を続けたい。

改めて、漢文は日本と中国をつなぐ重要な学問である。両国が手を携えて未来に伝えるべき文化である。漢文を通して、両国の交流がより一層すすんでいってほしい。そういう意味では、グローバル化が加速する世の中にあって、漢文学習は、国際的視野を広げることの第一歩ともなるだろう。以上のような視点をもって、今後も、生徒たちのよりよい学びの追求を続けていきたい。

■参考文献■

『古典探究　漢文編』大修館書店（教科書　古探七〇七）。

金谷治訳注『論語』、岩波書店、一九六三年七月。

武内義雄『中国思想史』、講談社、二〇二二年二月。

『福沢諭吉全集　第三巻』、岩波書店、一九五九年四月。

梶原正昭・小林保治・津本信博・中野幸一編著『資料　日本古典文学史古代中世編』、武蔵野書院、一九八七年十一月。

堀誠「芥川龍之介「英雄の器」と項羽」（『早稲田大学大学院教育学研究科紀要』第三十一号　二〇二一年三月）。

『現代日本文学大系43芥川龍之介集』、筑摩書房、一九六八年八月。

郭璞『山海経』、早稲田大学図書館データベース、https://www.wul.waseda.ac.jp/kotenseki/html/ru05/ru05_00355/index.html（最終閲覧日：二〇二四年九月九日）

# 第六章　古文・漢文融合教材「蘇武説話」を用いた授業実践

吉田　茂

## 一、はじめに

「古典探究」の授業の中で、定番教材である『源氏物語』須磨の巻の一部を読むことが多い。須磨に退居した光源氏の姿が、「ほのかに、ただ小さき鳥の浮かべると見やらるるも心細げなるに、雁の連ねて鳴く声揖の音にまがへるを、うちながめたまひて(1)」と描かれている。この「雁の連ねて鳴く声楫の音にまがへるを」の部分が白居易の詩「河亭晴望」(『白氏文集(2)』巻五四)の「秋雁櫓声来（秋の雁は櫓の声来たる）」を踏まえる引詩表現であると説明しても、生徒たちはポカンとした顔つきで、理解できたとは言い難い様子である。なぜなら、生徒の中には雁が秋飛来して、春北の地に帰っていく鳥であることを知らない者もいるからである。況んや雁の鳴き声においてをや、である。音響教材を用いて、雁の一首であるマガンの鳴き声を聴かせると、「うん似ている」「いや似ていない」などと声が挙がり始め、ようやくここで前掲部分の読解へと向かうことになる。さらに続けて、「帛書」「雁書」という語を提示しても、その意味を即答できる生徒はほとんどいない。

このような生徒たちの現状を踏まえて、今回、それらの語の由来となった、中国の蘇武説話[3]、加えてそれを変容させながら受容した我が国の蘇武説話を教材として、グループ活動を主とする授業展開を試みた。この授業を通して、生徒一人ひとりに「帛書」「雁書」などの語を定着させるとともに、古典における探究活動の真似事を行ってみたいと考えている。さらに、グループ活動を終えたのち、作品を自分なりに評価し、それを踏まえた表現活動を行うことにした。これによって、生徒たちを『学習指導要領』国語編の言う「古典作品や文章を多面的・多角的な視点から評価することを通して、我が国の言語文化について自分の考えを広げたり深めたりすること[4]」に導きたいとも思っている。

なお、実践を行ったのは、大学の附属高校第三学年の「古典探究」の授業である。授業内容を示す前に、蘇武説話について、教材研究の視点から少し言及することにしたい。

## 二、「帛書」は虚言（一）

蘇武説話を収める作品は『漢書』以来、多くの書に見られるが、その中の一つである、宋末、元初の学者である曾先之がまとめた『十八史略』所収の蘇武説話から見てみよう。これは北宋の司馬光の編著である『資治通鑑』所載の蘇武説話とともにしばしば古典の教科書に採られる文章である。

始元六年、蘇武還《ル》レ自《リ》二匈奴一。武初徙《メリ》二北海《ノ》上《ニ》一、掘《リ》二野鼠《ヲ》一、去《メテ》二草実《ヲ》一而食《ラヒ》レ之《ヲ》、臥起《ニ》持《ス》二漢節《ヲ》一。李陵謂《ヒテ》レ武《ニ》曰《ハク》、人生如《シ》二朝露《ノ》一。何《ゾ》自《ラ》苦《シムコト》如《キト》レ此《ノ》。陵与《ハ》二衛律一降《リ》二匈奴《ニ》一、皆富貴《ナリ》。律亦《モ》屢勧《ム》二武《ニ》降《ヲ》一。終《ニ》不レ肯《ンゼ》。漢《ノ》使者至《ル》二匈奴《ニ》一。匈奴詭《リテ》言《フ》、武已《ニ》死《スト》。漢《ノ》使知《リ》レ之《ヲ》、言《フ》、天子射《テ》二上林中《ニ》一、得《タリ》レ雁《ヲ》。足《ニ》有《リ》二帛書一。云《ハク》、武《ハ》在《リト》二大沢《ノ》中《ニ》一。匈奴不レ能《ハ》レ隠《スコト》。乃《チ》遣《ム》二武《ヲシテ》還《ラ》一。武留《マルコト》二匈奴《ニ》一十九年。始《メ》以《テ》二強壮《ヲ》一出《ヅルニ》、及《ンデ》レ還《ルニ》須髪尽《ク》白《シ》。

拝《シテ》為《ス》二典属国《ト》一。

（『十八史略』[5] 巻二、西漢）

ここには、匈奴の捕虜となった蘇武が十九年にわたる「艱難辛苦」の生活を続けながら、よく漢節を持し、漢人として生き抜いた「忠節」ぶり、さらに蘇武が「帛書」のために帰京できたという逸話が描かれている。さらに、人生の儚さを表す「人生朝露の如し」という句、これはもとより『漢書』に表れる句であるが、人生観を表すこの句を含んでいるところがこの文章を際立たせている。

いま見たとおり、蘇武説話には主な要素として「艱難辛苦」や「忠節」の様、「帛書」の語が含まれる場合が多いが、『十八史略』の蘇武説話の原書ともいうべき『漢書』の蘇武説話を見ると、「帛書」の語に関わることではあるが、別の要素が加わることになる。その部分に限定して『漢書』の一部を引用しよう。

数月《ニシテ》昭帝即位《シ》、数年《ニシテ》匈奴与レ漢和親《ス》。漢求《ムルニ》二武等《ヲ》一、匈奴詭《リテ》言《フ》、武死《スト》。後漢使復至《ル》二匈奴《ニ》一。常恵請《ヒ》二其《ノ》守者与倶《ニセンコトヲ》一、得三夜見《ルヲ》二漢使《ニ》一。具《サニ》自《ラ》陳《ベテ》道《フ》。教《メテ》三使者《ヲシテ》謂《ハ》二単于《ニ》一言《ハク》、天子射《テ》二上林中《ニ》一、得《タリ》レ雁《ヲ》。足有《リ》レ係《クル》二帛書《ヲ》一、言《フ》三武等在《ルヲ》二某沢中《ニ》一。使者大《イニ》喜《ビ》、如《キヲ》二恵語《ノ》一以譲《ムルガ》二単于《ヲ》一。単于視《テ》二左右《ヲ》一而驚《キ》、謝《シテ》二漢使《ニ》一曰《ハク》、武等実在《リト》。

（巻五十四、「李広蘇建伝第二十四」[6]）

これによれば、天子が上林中に雁を射て、その足に括られた「帛書」から蘇武の生存が確認できたという逸話は現実にあったことではなく、蘇武と同様に匈奴に捕縛された常恵が密かに漢の使者に教えた作り事、虚言であったということになる。前に挙げた要素の一つである「帛書」の語に関わるものだが、それは常恵の知謀によって産出されたもので、これを敢えて「知謀」と呼び、蘇武説話の要素の一つに加えておくことにしたい。

## 三、「帛書」は虚言（二）

次に、唐代中期、李瀚によって著され、日本でも平安時代以降広く読まれた『蒙求』所収の蘇武説話を見てみよう。

前漢《ノ》蘇武字《ハ》子卿、杜陵《ノ》人《ナリ》。武帝《ノ》時以《テ》二中郎将《ヲ》一持《シ》レ節《ヲ》使《ヒス》二匈奴《ニ》一。単于欲《シ》レ降《サント》レ之《ヲ》、迺《チ》幽《シテ》レ武《ヲ》置《キ》二大窖中《ニ》一、絶《エテ》不二飲食《セシメ》一。天雨《ラス》レ雪《ヲ》。武臥《シナガラ》齧《ミ》レ雪《ヲ》、旃毛并《セテ》咽《ミ》レ之《ヲ》、数日《ナルモ》不レ死《ナ》。乃《チ》徙《シ》二武《ヲ》北海《ノ》上《ニ》一、使《メ》レ牧《ハ》レ羝《ヲ》、羝乳《セバ》乃《チ》得《ントス》レ帰《ルヲ》、武杖《キテ》二漢節《ヲ》一牧《ヒ》レ羊《ヲ》、臥起《ニ》操持《シ》、節旃尽《ク》落《ツ》。昭帝立《チ》、匈奴与レ漢和親《ス》。漢求《ム》二武等《ヲ》一。匈奴詭《リテ》言《フ》武死《セリト》。常恵教《ヘ》二漢《ノ》使者《ニ》一言《ハシム》、天子射《テ》二上林中《ニ》一得《タリ》レ雁《ヲ》。足《ニ》有《リ》レ係《クル》二帛書《ヲ》一。言《ハク》有《リト》二某沢中《ニ》一。由《リテ》レ是《ニ》得レ還《ルヲ》。拝《シテ》為《ス》二典属国《ト》一。秩中二千石《トシ》、賜《フ》二銭二百万・公田二頃・宅一区《ヲ》一。武留《マルコト》二匈奴《ニ》一十九歳《ナリ》。始《メ》以《テ》二強壮《ヲ》一出《ヅルニ》、及《ビ》レ還《ルニ》鬚髪尽《ク》白《シ》。至《リ》二宣帝《ノ》時《ニ》一、以《テ》二武《ノ》著《ス》レ節《ヲ》老臣《タルヲ》一、令《メ》レ朝《ゼ》二朔望《ニ》一、号《シテ》称《シ》二祭酒《ト》一、年八十余《ニシテ》卒《ス》。後図二画《シ》於麒麟閣《ニ》一、法《リ》二其《ノ》形貌《ヲ》一、署《ス》二其《ノ》官爵姓名《ヲ》一。

（【A蒙求[7]】蘇武持節）

前掲の「艱難辛苦」や「忠節」の要素に加え、『漢書』にすでに見られる「使牧羝、羝乳乃得帰」を引き、蘇武に牡羊を飼わせ、牡羊が子を産み乳が出たら故国に帰すという難題を押しつけたこと、蘇武が帰還後、典属国に補されたこと、死後、その肖像が麒麟閣に掲げられたことなどが記されている。また、典拠が『漢書』であることを思えば当然であるが、この書でも、「帛書」は常恵の「知謀」による虚言であるとしている。

ところで、『漢書』や『蒙求』の蘇武説話を受容した我が国の人々は、どのようにこの説話を享受したのであろうか。その一例として、当時の歌人たちによく読まれた『俊頼髄脳』を引用しよう。

秋風に初雁がねぞ聞こゆなる誰がたまづさをかけて来つらむ
この歌は漢の武帝と申しける帝の御ときに胡城といへる所に蘇武といへる人を遣はしたりけるが、え帰らで、年ごろありけるを、衛律といひける人の又行きて、蘇武はありやと問ひければ、あるを隠して、その人は失せて年久しくなりぬと言ひければ、そら事を隠して言ふぞと心得て、蘇武死なざなり。この秋、雁の足に文を書きて奉れり。その文を帝御覧じて蘇武いまにありとは知ろしめしたり、と謀事をなして言ひければ、しかさるにては益なしと思ひて、まことにはありと言ひて、会はせたりけるとて、これによそへてかの雁の歌は詠めるなり。

（【B俊頼髄脳(8)下】）

『俊頼髄脳』が歌論書であるから、『古今集』秋上に採られる紀友則の「秋風に」の歌の典拠を示すために蘇武説話が語られているのは当然のことである。「帛書」は、常恵ではなく、匈奴に投降した衛律の「知謀」として語られている。また、同様に『俊頼髄脳』に見える説話を踏襲したと考えられる『今昔物語集』にも、蘇武説話が見られる。

今は昔、漢の武帝の代に、蘇武と云ふ人有りけり。天皇□依りて、此の人を胡塞と云ふ所に遣はしたりけるに、久しく返り得ずして、年来、其の所に有りけるが程に、亦、衛律と云ふ人、其の所に行きたりけるに、衛律、行き着くままに、其の人の所に先づ、「蘇武は有や否や」と問ひければ、其の所の人、蘇武は有りけるを隠さむが為に、謀《はかりごと》を成して、「蘇武、早う失せて年久しく成りぬ」と答へけるを、衛律、「隠して虚言を云ふぞ」と心得て、「蘇武、死なずして未だ有る也。此の秋、雁の足に文を結ひ付けて、蘇武が書を天皇に奉りければ、雁、王城に飛び来て、其の書を天皇に奉りたりき。天皇、其の書を御覧じて、蘇武今に有りと云ふ事を思しめしたり。此れ、謀ならむ」と云ひければ、其の所の人、謀にて有りければ、「隠して益無し」と思ひて、「実には未だ死なずして有り」と云ひて、蘇武を衛律に会はせたりけり。衛律の謀《たばかり》の言なれども、此れに依りて蘇武出で来たれば、世の人、此れを聞きて、衛律をぞ讃め感じける。然れば、虚言なれども、事に随ひて云ふべきなりけり。衛律が謀の言は賢かりけりとなむ語り伝へたるとや。

（【C今昔物語集】[9] 巻十「漢武帝、蘇武遣胡塞語第三十」）

とあり、『今昔物語集』は『俊頼髄脳』の掲出歌を記さず、純粋な中国の蘇武説話として取り上げている。いずれにしても、「帛書」については、『俊頼髄脳』、『今昔物語集』ではともに、『漢書』や『蒙求』における常恵ではなく、衛律の「知謀」として描かれている。さらに、『今昔物語集』では、その話末で「衛律が謀の言は賢かりけり」と評しているところに特色がある。

## 四、現実にあった「帛書」

これまで見てきた蘇武説話は、「帛書」の逸話が現実にあったものではなく、常恵または衛律の「知謀」により、漢の使者に伝えられた虚言であったとするものであった。それでは、この逸話が「知謀」によって産み出された虚言ではなく、現実にあったとする蘇武説話は存在しないのだろうか。それは、六、七世紀頃に成立し、早く日本に渡来したと考えられる類書『琱玉集』の蘇武説話に見られるのである。

蘇武、前漢ノ人也。為リレ将ト北ノカタ伐チ二匈奴ヲ一、乃為ル二匈奴ノ所ト一レ執フル。匈奴重ンジレ之ヲ、用ヒテ為シ二上相ト一、以テ二公主ヲ一配セントスレ之ニ。武終ニ不レ就カ、乃髡チル二武ノ頭ヲ一。於イテ二陰山ノ下ニ一、役作スルコト二年、形体損痩シ、纔カニ有テリ二余命ヲ一。又往キテ迫リテレ武ニ、更ニ授ケントスルモ二前職ヲ一、武モ亦不レ就カ。匈奴大イニ怒リ、閉ジテレ獄ニ餓エシメントスレ之ヲ。値ヒ二天ノ雨ラスニ一レ雪ヲ、武、以テ二羊毛ヲ一裹ミレ雪ヲ呑ムレ之ヲ。逕

由《スレドモ》二九日《ヲ》一不レ死《ナ》、兇奴恠《シム》レ之《ヲ》。与《ヘテ》レ食《ヲ》令《メ》レ活《カ》、更《ニ》授《ケントスルモ》二前任《ヲ》一、武終《ニ》不レ就《カ》。乃《チ》謂《ヒテ》レ武《ニ》曰《ハク》、上相《モ》不レ就《カ》、求《メテ》レ死《ヲ》何《ヲカ》為《ントス》。武曰《ハク》、授《ケ》レ妻《ヲ》為《ルハ》レ相《ト》、理為《ス》二不仁《ト》一。委《テテ》レ身《ヲ》受《ケ》レ死《ヲ》、願《ハクハ》作《サント》二忠臣《ヲ》一。又使《ム》三武《ヲシテ》牧《セ》二羊《ヲ》於北海《ニ》一。逕《テ》二有余年《ヲ》一、武乃《チ》仰《ギテ》レ天《ヲ》曰《ハク》、北来之雁、南往之鳥《ニ》、有《ラン》下過《ル》二我《ガ》故郷《ヲ》一者上也。天感《ジ》二其《ノ》意《ニ》一、二雁落《チタリ》二於石穴《ニ》一。武作《シテ》レ書《ヲ》継《グニ》二雁《ノ》頸《ニ》一、飛《ビテ》至《ル》二長安《ノ》漢帝《ノ》殿庭《ニ》一。帝読《ミテ》二其《ノ》書《ヲ》一、始《メテ》知《ル》二蘇武《ノ》不《リシヲ》レ死《セ》。遣《メントス》二使廿人《ヲシテ》齎《シ》レ金《ヲ》贖《ハ》レ之《ヲ》。其《ノ》使未《ダ》レ達《セルニ》、武已《ニ》走還《ゲル》也。出《ヅ》二前漢書《ニ》一。

（【D琱玉集[10]】巻十二、感応篇第四）

『琱玉集』では、最終部に「出前漢書」と記しているにもかかわらず、他書に見えない事柄が記されている。中でも注目すべきは、この説話が「感応篇」に収められている理由にも通じる、蘇武が天を仰いで嘆くと、「天感其意、二雁落於石穴」、すなわち、天帝は蘇武の思いに感応し、二羽の雁を蘇武の寝起きする岩屋に下りさせたというのである。そこで、蘇武は書を認めてその頸に結ぶと、その雁が長安の漢帝の御苑に飛来したという。

このように『琱玉集』の伝える蘇武説話は、天帝の感応を描きながらも、蘇武の記した「帛書」が実際に存在したとしている。『琱玉集』は一部の層にしか読まれなかったとする説[11]もあるが、惟宗允亮が十一世紀初頭に著した『政事要略』、成安の著した『三教指帰注集[12]』、『和漢朗詠集私注』、平安末の文章博士藤原敦光の『三教勘注抄』にその逸文が見えることからも、『琱玉集』には相応の読者があったことを窺わせるのである。

さらに、鎌倉時代の初め、元久元年（一二〇四）に成ったとされる源光行の『蒙求和歌』の蘇武説話も、「帛書」は「知謀」による虚言ではなく、実際に存在したこととしている。

蘇武、漢王の使として、匈奴攻めに赴きて、忠節を尽くすほどに、返りて胡《えびす》に取り籠められにけり。匈奴の王単于、蘇武を脅かして、随へむとするに、漢の節を失はずして、跪かず、なほ剣を耀かして責むれども、蘇武、堂堂として云ふ「吾、漢の使なり。胡に随ひには来ざりき」と答へて、刀を取りて自ら刺すに、匈奴、大きに驚きて、取り放ちて、疵に薬を付けて資《たす》けてけり。後に、深窖《しんこう》の中に籠めおきてけり。僅かに雪ばかりを食ひて、命を生きり。七日を過ぎて、開きてみるに、蘇武、恙なし。匈奴、蘇武を「神なり。異なり」と云ひて、北海の辺りに出して、羊を飼はするに、猶ほ漢節を失はず。僅かに生けるに似たりと云へども、牡羊、乳を期して、歳華空しく重なりにけり。

武帝、かくれ給ひて、昭帝の世になりて、帝の使、匈奴の国に至りて、蘇武を尋ぬるに、「早く死ににき」と偽り答へけり。「未だあり」とばかりだに、古里人に聞かればやと思ふもかひなし。秋の空をむかへて、都の方へ行く雁の足に、文を結び付けてけり。雁、南を指して飛び去りぬ。帝、上林苑に遊び給ふをりしも、賓雁、書をかけて来《いた》れり。取りて見給ふに、蘇武、去りてより以来十九年の愁を書き続けたるなりけり。限りなく哀れとおぼして、慥《たしか》に蘇武を奉るべき由責められて、其の時、帰し奉りてけり。あまたの年を隔ててければ、顔色衰へ、頭白く成りて、有りしにも非ずぞなりにける。

隔てこし都の秋に逢はましき越路の雁のしるべならずは（片仮名本）

さても猶ほふみかよふべき雲路かは初雁がねの便りならでは（平仮名本）

（【E蒙求和歌(13)】〇四四、「蘇武持節」）

とあり、原書の『蒙求』とは異なり、蘇武が実際に認めた「帛書」が「賓雁」によって都に届けられたとしている。さらに、『蒙求和歌』の書名のとおり、片仮名本、平仮名本のそれぞれに和歌一首が付されているところに特色がある。

また、蘇武説話を物語の中に取り込んでいるものに『平家物語』巻二、蘇武がある。次に、その一部を引用しよう。

いにしへ漢王、胡国を攻められけるに、初めは李少卿を大将軍にて、三十万騎向けられたりけるが、漢王の戦さ弱く、胡国の戦ひ強《こは》くして、官軍みなうち滅ぼさる。剰《あまつさ》へ大将軍李少卿、胡王のために生け捕らる。次に蘇武を大将軍にて、五十万騎を向けらる。猶ほ漢の戦さ弱く、胡の戦ひ強くして、官軍皆亡びにけり。兵《つはもの》六千余人生け捕らる。その中に、大将軍蘇武を始めとして、宗《むね》との兵六百三十余人すぐり出して、一々に片足を切ッておッぱなつ。即ち死する者あり、程経て死ぬる者もあり。其の中に、されども蘇武は死なざりけり。片足なき身となッて、山に登ッては木の実を拾ひ、春は沢の根芹を摘み、秋は田づらの落ち穂拾ひなンどしてぞ、露の命を過ごしける。田にいくらもありける雁ども、蘇武に見なれて、怖れざりければ、これはみな我古郷へ通ふものぞかしと、懐かしさに、思ふ事を一筆《ひとふで》書いて、「相かまへて是れ漢王に奉れ」と云ひふくめ、雁の翅《つばさ》に結び付けてぞ放ちける。かひがひしくもたのむの雁、秋は必ず越地より都へ来たるものなれば、漢昭帝、上林苑に御遊ありしに、夕ざれの空薄ぐもり、何となう物哀れなりけるをりふし、一行《ひとつら》の雁飛びわたる。その中に雁一つ飛びさがッて、おのが翅に結び付けたる玉章《たまづさ》をくひ切ッてぞ落としける。官人是れを取ッて、御門に奉る。披いて叡覧あれば、「昔は巌崛《がんくつ》の洞に籠められて、三春の愁歎をおくり、今は曠田の畝に捨てられて、胡敵の一足となれり。設《たと》ひ屍《かばね》は胡の地に散らすと云ふとも、魂は二たび君辺に仕へん」とぞ書いたりける。それよりしてぞ、文をば雁書とも言ひ、雁札とも名付けたる。「あなむざんや、蘇武が誉れの跡なりけり。いまだ胡国にあるにこそ」とて、今度は、李広と云ふ将軍に仰せて、百万騎をさし遣はす。今度は漢の戦ひ強くして、胡国の戦さ敗れにけり。御方戦ひ勝ちぬと聞こえしかば、蘇武は曠野の中よりはひ出でて、「是れこそいにしへの蘇武よ」とぞ名乗る。十九年の星霜を送ッて、片足は切られながら、輿にかかれて、古郷へぞ帰りける。蘇武は十六の歳、胡国へ向けられけるに、御門より給はりたりける旗を、何としてか隠したりけん、身を放たず持ッたりけり。今取り出だして、御門の見参にいれたりければ、君も臣も感嘆なのめならず。君のため大功並びなかりしかば、大国あまた賜はり、其の上典属国と云ふ司を下されけるとぞ聞こえし。

（【F平家物語】[14] 巻二、蘇武）

とあり、一部史実と異なる記述[15]もあるが、捕縛された蘇武らが片足を切断されたこと、飢えをしのいだ食物が「春は沢の根芹」、「秋は田づらの落ち穂」と日本的なものを並べていること、蘇武が認めた「帛書」の文言まで、「昔は巌崛の洞に籠められて、三春の愁歎をおくり、今は曠田の畝に捨てられて、胡敵の一足となれり。設《たと》ひ屍は胡の地に散らすと云ふとも、魂は二たび君辺に仕へん」と示されているところが特徴的である。この蘇武説話は、言うまでもなく、鬼界が嶋に流されていた平康頼が、のち自分の帰京につながる「卒塔婆流し」の先蹤説話として描かれているのであるが、新たな事柄が記されていて、興味深い話である。

## 五、蘇武説話を用いた探究的活動

今まで通観してきた中国・日本の蘇武説話を用いて、「古典探究」の授業の中でどのようなことができるのか、その授業実践ついて述べていきたい。対象は附属高校三年生である。一回五十分、六回の授業で実施した授業展開の概要を次に示すことにする。

【授業展開の概要】

第一時　①地歴科の指導者が『漢書』の概要と所収の蘇武説話に関するミニ講義を行う。これは、教科横断的な授業の試みである。②『十八史略』の蘇武説話を精読する。正確に訓読できるか、句法の一つである疑問（反語）形〈「何《ゾ》自《ラ》苦《シムコト》如《キト》レ此《ノ》〉や使役形（遣《ム》ニ武《ヲシテ》還《ラ》一）に注意して読解する。

第二時　①グループ活動を行うので、クラスを六つのグループに分ける。②蘇武説話のA～Fのプリント（漢文は訓点を付したもの、図書室に関係図書がない作品には、現代語訳などを付したもの）を配付し、A～Fの担当グループを決める。③課題（今回は、どのような点が他の説話と異なるか、文章にどのような特徴があるか、考察する、とした）を設定する。④調べ学習を始める。

第三時　①調べ学習を続け、発表内容をまとめる。②発表のやり方を打ち合わせ、同時に発表資料の制作に入る。時間が足りない場合には、放課後作業を続ける。

第四時・第五時　①A〜Fを担当する順に発表する。一つのグループの発表時間は質疑応答を含めて、最大十五分とする。担当箇所の内容確認、重要な句法・文法事項の確認、課題に対する答えの提示は必須。②発表を聴く者は、次頁の評価表を用いて、発表を評価する。

第六時　①他の生徒が記した評価表をもとに、自分たちの発表を総括する。②表現活動として、A〜Fの中でどの説話を推薦するか、理由を明らかにして、八百字程度で表現する。事前に【表現評価ルーブリック】（後掲）を示す。

---

右の活動を通して、次頁の図のように、①課題設定から始め、②情報を収集したうえで、③情報を整理分析する、そこで明らかになった④課題に対する答えをまとめ、発表するという、いわば探究の流れを体験させることを目的とする。さらに言えば、この活動を踏まえて、生徒一人ひとりが新たな課題を設定し、その答えを見出すために、活動を続けることをも期待するものである。

評価表　三年　組　番氏名

【内容】　○発表の内容が良かったか。　5　4　3　2　1
　○説得力があったか。　5　4　3　2　1
【発表資料】　○発表資料が適切であったか。　3　2　1
【発表準備】　○準備は適切であったと思うか。　3　2　1
【発表方法】　○構成は適切であったか。　3　2　1
【声量など】　○声量・明瞭さは適切であったか。　3　2　1
【質問】　○質問に的確に答えていたか。　3　2　1

※評価基準の数字を○で囲んでください。
その合計点を下に書いてください。　【合計点】　点

【発表で良かった点を書いてください。】

【発表で改善すべき点があれば、書いてください。】

【表現評価ルーブリック】

| 観点 | A評価 | B評価 | C評価 |
|---|---|---|---|
| 説得性 | 明確に理由・根拠が示されているため、非常に説得的である。 | 理由・根拠がやや不明確であるため、説得性もやや弱い。 | 理由・根拠が曖昧で、説得性が弱い。 |
| 文章表現 | 誤字・脱字・衍字がない。文章もわかりやすい。段落分けも適切である。日本語表現に問題がない。 | 誤字・脱字・衍字が二個以下である。文章にややわかりにくいところがある。段落分けもやや問題がある。日本語表現にも少し問題がある。 | 誤字・脱字・衍字が三個以上である。文章がわかりにくい。段落分けが不適切である。日本語表現に問題が多い。 |
| 独自性・魅力度 | 筆者の独自な視点・発想が盛り込まれ、非常に魅力がある。 | 筆者の独自な視点・発想がある程度見られるが、やや魅力に欠ける。 | 筆者の独自な視点・発想がなく、新味に欠ける。魅力は乏しい。 |

探究学習の流れ

①課題設定 → ②情報収集 → ③情報の整理・分析 → ④まとめ・発表準備 → 発表 → 発表総括 → 表現活動（作品の評価） → 新たな課題設定 → 情報収集 ………

## 六、活動の実際

第一時における『漢書』のミニ講義で示される「蘇武伝のあらすじ[16]」は次のとおりである。これを活用しながら、担当箇所の分析を行っていく。

【『漢書』李広蘇建伝　蘇武伝あらすじ】

①蘇武、字は子卿、杜陵の人である。武は中郎将として拘留者を匈奴に送り届ける。部下の張勝、常恵が同行。
②匈奴に降った衛律らが謀叛に加わる。
③蘇武は累が自分に及ぶと考え、自殺をしようとするが、張勝らが止める。
④単于は衛律に命じて蘇武を招き、降伏させようとする。
⑤蘇武は降ることを拒否し、佩刀で自らを刺すが、衛律の必死の看護で、一命を取り留める。
⑥匈奴に降った衛律は、蘇武に降伏を勧める。
⑦蘇武、衛律の勧めを断る。単于は、降らない蘇武を大窖に幽閉する。
⑧飲食物のない蘇武は、雪を喰らい、毛織衣の毛を雪とともに飲み込み生きる。
⑨匈奴の者は、絶命しない蘇武を神妙不可思議に思う。
⑩蘇武を北海のほとりに移す。牡羊を飼わせ、それが子を産み、乳が出たら帰還させると約束する（難題）。
⑪蘇武は野鼠や草の実を食べ、生きながらえる。
⑫蘇武、漢の節を杖とし持ち歩く。節の飾りは悉く抜け落ちる。
⑬五、六年後、射猟に来た単于の弟於軒王に見出され、飲食を賜わる。
⑭その三年後、於軒王の死後に、丁霊族によって牛・羊を奪われ、蘇武は困窮する。
⑮単于は、昔の同僚であり、今は匈奴に降った李陵を蘇武のもとに派遣する。
⑯李陵は蘇武のために酒宴を開き、蘇武の兄弟、母はすでに亡く、妻は再婚したと伝える。李陵は「人生は朝露の如し。何ぞ自ら苦しむこと此の如きや」と、蘇武に降伏を促す。

⑰蘇武は、降伏を断固拒否する。
⑱李陵の説得は数日続くが、蘇武は拒絶し、李陵の眼前で死ぬことを請う。
⑲李陵は「蘇武は義士、衛律と自分の罪は天の知る所」という言葉を残し、蘇武と訣別する。
⑳李陵は自ら武に贈り物をすることを恥じ、自分に代わって妻に牛羊数十頭を贈らせる。
㉑李陵は蘇武のもとを訪ね、武帝の崩御を伝える。蘇武は血を吐き、慟哭する。
㉒数か月して、昭帝が即位する。数年経って漢と匈奴とが和親する。
㉓漢が蘇武らの引き渡しを要求するが、匈奴は蘇武が死んだと応える。
㉔後、常恵は匈奴に来た漢の使者に会い、単于に対して、漢の天子が上林苑で射猟して雁を得、その足に「帛書」が結ばれ、武らは某沢の中にいる旨を伝えよと、漢の使者に進言する。
㉕漢の使者は喜び、常恵の言葉のままに単于に伝え、責める。
㉖単于は左右の者を視て驚くが、蘇武らが生きていることを認め、詫びる。
㉗李陵は蘇武との別れの宴で、自分の一族が皆殺しにあったことを告白し、涙ながらに舞い、詩を詠む。
㉘蘇武・常恵らは始元六年の春、都に帰還する。蘇武は典属国に任じられ、秩禄二千石、銭二百万、公田二頃、宅地一区を賜った。常恵は右将軍となる。
㉙蘇武は匈奴にあること十九年、はじめ強壮であったが、帰還した時には鬚髪尽く白くなっていた。
㉚蘇武は八十歳で、神爵二年に病死する。功績者として、麒麟閣に蘇武の画像が掲げられる。

---

右の『漢書』との比較をもとに、各グループで出た意見を簡略に示せば、以下のとおりである（生徒が作成したプリント・スライドを参考に、筆者が整理しまとめたもの。丸数字は前掲の「蘇武伝のあらすじ」の番号を表す）。

**【主な意見】**

**【A蒙求】**　担当グループ

・『漢書』に忠実に従い、それを的確に縮約したもの。
・右の①・⑦・⑧・⑫・⑳・㉒・㉓・㉔・㉕・㉘・㉙・㉚の事柄が記されている。

**【B俊頼髄脳】**　担当グループ

・歌論書であるから、「秋風に」の歌の解説として書かれている。
・右の①に加えて、㉔のところで、常恵ではなく、衛律の「知謀」であると記している。

【C今昔物語集】　担当グループ

・【B俊頼髄脳】と同じで、「帛書」の逸話が衛律の「知謀」であるとしている。
・最後に「衛律が謀の言は賢かりけり」と彼に讃辞をおくっている。

【D琱玉集】　担当グループ

・さまざまな違いがある。蘇武が匈奴を討つために派遣されたこと、捕縛された後、匈奴は蘇武を重んじ、「上相」として用い、単于の娘との婚姻を提案して、匈奴に降ることを求めた。
・それを拒絶した蘇武の頭髪を剃り、陰山の下に幽閉した。
・『漢書』を踏まえたものと思われるが、蘇武の飲食を絶ったが、蘇武は雪水や羊毛で飢えをしのぎ（⑧）、九日経っても死ななかったことを、匈奴の者は恠しんだ（⑨）ことなどが記される。
・「帛書」の逸話は蘇武の思いに感応した天帝が二羽の雁を蘇武のもとに遣わし、それに蘇武が自ら認めた文を雁の足ではなく、頸に結びつけた。
・蘇武が生きていることを知った漢の帝は二十人に身代金を持たせ匈奴に派遣したが、それが匈奴に到着する前に、蘇武は匈奴を脱出した。
・最終部に「出前漢書」とあるが、『漢書』との違いも見られる。

【E蒙求和歌】　担当グループ

・書名が示すとおり、和歌を載せているところに特色がある。
・蘇武が攻略のために匈奴に行ったこと、単于は剣を突きつけて降伏を求めるが、蘇武は随わず、『漢書』と同様、刀で自らを刺した（⑤）。匈奴は薬をつけ、蘇武の命を救ったという。あくまでも降伏しない蘇武を深い窖に幽閉し、飲食を絶つが、七日が経っても絶命せず、匈奴の者は、蘇武を「神なり、異なり」と驚嘆した（⑨）。
・牡羊の難題（⑩）も記されるが、「帛書」の逸話は『漢書』や『蒙求』が、常恵の「知謀」と記すが、この『E蒙求和歌』では、「帛書」が実際あったこととして書かれている。

【F平家物語】　担当グループ

- 李陵が匈奴攻略のために遣わされたが、戦さに敗れ匈奴に生け捕られた。
- 次に蘇武を大将軍として五十万騎で匈奴を討たせるが戦いに敗れ、その中の六千余人が生け捕られ、蘇武を含めた主要な兵、六百三十余人が片足を切られ追放されたことなどが記されている。
- 多くの死者が出たが、蘇武は死ななかった。
- 食物のない蘇武は山の木の実、春は沢の根芹、秋は田の落ち穂を拾って命ながらえたとする。
- 慣れ親しんだ雁に「相かまへて是れ漢王に奉れ」と言い含めて、放った。
- 雁は漢の上林苑の上を飛び、翅に結ばれた文を食いちぎって落とした。
- その「帛書」のために蘇武の生存を知った帝は李広（誤伝か）を大将軍にして匈奴を討たせ勝利すると、それを知った片足のない蘇武が名乗り出たために、輿に乗せられ、帰還できた。
- 帰国後、帝に謁見した蘇武が、持ち続けた漢節を見参に入れると、君臣ともに感嘆し、帝から典属国の官職を賜った。兵卒数の明示や「生け捕る」「名乗り」などの軍記特有の語が見える。

---

右のような事柄が各グループから発表された。この活動を通じて、生徒は中国と日本に伝わる蘇武説話のおおよそを理解することができたように思う。

その後、グループごとに自分たちの発表を総括した。そのうえで、次の課題である表現活動に移行した。それは、発表された蘇武説話の中から一つを選び、理由を明確にしながら、推薦文を八百字程度で表現するというものである。なお、表現活動に入る前に、前掲の「表現評価ルーブリック」を示し、これを意識して文章を作成するよう注意を促した。

生徒によって書かれた推薦文について簡略に示せば、漢文で一番多く推薦されたものは『A蒙求』であった。「漢文の歯切れの良い文章、内容としても『漢書』の内容が精選されて書かれているので、蘇武の人生がよく分かるから」、などの理由を書いたものが目立っていた。また、古文では圧倒的に【F平家物語】の人気が高かった。

「片足を切られた事実など、新たな情報を知ることができたのでおもしろかったし、文体とリズムがすばらしいから」などの理由が多かった。生徒たちが内容ばかりでなく、文体や文章のリズムにも注目しているところが印象的であった。

## 七、おわりに

これまでの授業展開を振り返ってみると、今回の中国と我が国の蘇武説話の読み比べを中心とする授業は、探究活動といっても、その準備段階に過ぎなかったと言わざるを得ない。なぜなら、特に我が国の蘇武説話に限定して考えてみても、前に中国の蘇武説話を「変容させながら受容した」と書いたが、どのように変容させたのか、それは先人のどのような物の見方や考え方と関係するのか、読み比べによって少しのヒントを得たものの、それについては触れることができなかったからである。つまり、我が国における先人たちの精神や心の有り様、あるいは日本的なるものまで探究が及ばなかったということである。今後は、これを意識しながら次の探究活動に移行したいと考えている。

また、教材とした蘇武説話を、散文に限定してしまったことに不満が残る。というのは、我が国には蘇武説話をもとにした和歌[17]や朗詠[18]、また能の詞章[19]などが存在するし、藤原宇合の「悲不遇[20]」や菅原道真の「謫居春雪[21]」などの漢詩が数多く残っている。むしろ、日本的なるものを探究する場合、このような詩歌がより適切であったかもしれない。また、中国においては、李白の「蘇武[22]」「千里思[23]」などの詩を挙げるまでもなく、蘇武にまつわる漢詩文が多数存在するが、今回はその一端にも触れることができなかった。さらにいえば、蘇武と対照的な生き方をした李陵も含めて探究すべきであるという考えもある。確かに、漢人でありながら匈奴に降らざるを得なかった李陵の方が悲しみや心の苦しみは深かったのかもしれない。中島敦はそれに注目して『李陵』を書いたとも想像されるのである。したがって、蘇武と李陵とを対にして考察しなければ不十分であると言わざるを得ないのかもしれないが、それは別の機会に譲りたいと思う。

前述のとおり、今回試みた蘇武説話を読み比べるという探究活動が準備段階のものであったとしても、「古典作品や文章を多面的・多角的な視点から評価することを通して、我が国の言語文化について自分の考えを広げたり深めたりすること」に少し近づけたのではないかとも思っている。こうした授業を契機に、一人でも多くの生徒が、「帛書」「雁書」の典拠となった蘇武説話のことを理解したうえで、秋に飛来する雁、春に北に帰る雁のことを気にとめて、その姿を見、その鳴き声を聞いてくれれば有難いとも思うのである。

注

(1) 本文は、阿部秋生ほか『源氏物語2』(『新編日本古典文学全集』、小学館、一九九五年)の二〇一頁による。
(2) 本文は、岡村繁『白氏文集九』(『新釈漢文大系』、明治書院、二〇〇五年)四五四頁による。
(3) 本稿では、「帛書」「雁書」にまつわる史伝を、あえて「蘇武説話」の用語で表現することとする。
(4) 『学習指導要領』国語編、「古典探究」の「思考力、判断力、表現力等」の「A読むこと」のクによる。
(5) 本文は、林秀一『十八史略上』(『新釈漢文大系』、明治書院、一九六七年)二九二・二九三頁による。送り仮名を補った。
(6) 本文は、点校本・二十四『漢書8列伝』(中華書局、一九六二年)二四六六頁による。訓点を施した。
(7) 本文は、早川光三郎『蒙求下』(『新釈漢文大系』、明治書院、一九七三年)五十・五十一頁による。送り仮名を補った。
(8) 本文は、橋本不美男ほか『歌論集』(『新編日本古典文学全集』、小学館、二〇〇二年)所収の『俊頼髄脳』一三二頁による。
(9) 本文は、小峯和明『今昔物語集二』(『新日本古典文学大系』、岩波書店、一九九九年)三四九・三五〇頁により、

片仮名を平仮名に改め、適宜漢字を当て、送り仮名を補った。

(10) 本文は、柳瀬喜代志・矢作武『琱玉集注釋』(汲古書院、一九八五年)一一九頁による。訓点を施した。なお、『琱玉集』は中国では散逸し、我が国でも巻十二、巻十四の二巻が残るに過ぎない。

(11) 今成元昭「平家物語の一性格―蘇武の説話から―」(『国文学研究』一九六五年三月)には、「琱玉集の蘇武説話の存在は知りつつも、貴族知識層の間では漢書(及びその伝を正当に継承している諸書)による伝承の権威が絶大であって、それとかけはなれた説話は誤伝として歯牙にもかけられなかったためであると推断されるのである」(五十頁)とある。

(12) 濱田寛『三教指歸纂義』(私家版、二〇二三年)に、成安の『三教指帰注集』や敦光の『三教勘注抄』に『琱玉集』が引用されるとある。

(13) 本文は、章剣『蒙求和歌 校注』(渓水社、二〇一二年)一二五~一二八頁による。

(14) 本文は、市古貞次『平家物語1』(『新編日本古典文学全集』、小学館、一九九四年)一七九~一八一頁による。蘇武の事項に限定して引用した。

(15) 本文中の「李広と云ふ将軍に仰せて」の李広は、李陵の祖父で、この時にはすでに没していて、史実とは異なる。天漢二年匈奴に赴いた李広利の誤りではないかともいう。

(16) 小竹武夫訳『漢書5 列伝Ⅱ』(ちくま学芸文庫、一九九八年)二三一~二四〇頁を参考に、教材として用いた文章と関係するところを箇条書きにした。

(17) 最も著名なのは、『俊頼髄脳』で見た紀友則の「秋風に初雁がねぞ聞こゆなる誰がたまづさをかけて来つらむ」(『古今集』秋上、二〇七)の歌だが、『万葉集』の「春草を馬咋山《うまくひやま》ゆ越え来なる雁の使ひは宿り過ぐなり(巻九・一七〇八、人麻呂歌集)の歌を始めとして、蘇武説話に取材した歌が継続して詠まれている。

(18) 『和漢朗詠集』詠史、紀在昌の「賓雁繫書秋葉落　牡羊期乳歳華空(賓雁に書を繫くれば秋葉落つ　牡羊に乳を期すれば歳華空し」(菅野禮行『和漢朗詠集』〈『新編日本古典文学全集』、小学館、一九九九年〉三六三頁による)の詩、『新撰朗詠集』秋、擣衣、大江匡房の「賓雁繫書飛上林之霜　忠臣何在　寡妾擣衣泣南楼月　良人未帰(賓雁書を繫けて上林の霜に飛ぶ　忠臣何にか在る　寡妾衣を擣つて南楼の月に泣く　良人未だ帰らず)」(川村晃生ほか『新撰朗詠集校本と総索引』〈三弥井書店、一九九四年〉七十七頁による)の詩が見える。

(19) 世阿弥作の能「砧」の詞章に「シテ　げにやわが身の憂きままに、古言の思ひ出でられて候ふぞや。唐土に蘇武といつし者、胡国とやらんに捨て置かれしに、古里に留め置きし妻や子の、夜寒の寝覚を思ひやり、高楼に上つて砧を打つ。志の末通りけるか、万里の外なる蘇武が旅寝に、故郷の砧聞えけり。わらはも思ひや慰むと、とてもさびしき呉織《くれはどり》、綾の衣を砧に打ちて、心を慰まばやと思ひ候ふ」（『新編日本古典文学全集』『謡曲集2』〈小学館、一九九八年〉二六四頁による）の詞章が見える。

（20）「賢者悽年暮　明君冀日新　周占載逸老　殷夢得伊人　博挙非同翅　相忘不異鱗　南冠労楚奏　北節倦胡塵　学類東方朔　年余朱買臣　二毛雖已富　万巻徒然貧」（江口孝夫訳『懐風藻』〈講談社学術文庫、二〇〇〇年〉二九九～三〇〇頁による）の傍線を付した句が蘇武説話を踏まえる。

（21）「盈城溢郭幾梅花　猶是風光早歳華　雁足黏将疑繫帛　烏頭點著思帰家」（川口久雄『菅家文草　菅家後集』〈『日本古典文学大系』、岩波書店、一九六六年〉五二三・五二四頁による）の傍線を付した句が蘇武説話を踏まえる。なお、「謫居春雪」の詩は教科書に採られる。

（22）「蘇武在匈奴　十年持漢節　白雁上林飛　空伝一書札　牧羊辺地苦　落日帰心絶　渇飲月窟冰　飢餐天上雪　東還沙塞遠　北愴河梁別　泣把李陵衣　相看涙成血」（大野實之助『李太白詩歌全解』〈早稲田大学出版部、一九八〇年〉一三九七頁による）の詩である。

（23）「李陵没胡沙　蘇武還漢家　迢迢五原関　朔雪乱辺花　一去隔絶国　思帰但長嗟鴻雁向西北　因書報天涯」（大野實之助『李太白詩歌全解』一二二三頁による）の詩である。

# 第七章

# 「人虎伝」と「山月記」における李徴の人物像をめぐる問い

永瀬　恵子

## 一、はじめに：『古典探究』にみられる李徴像への着目

定番教材（安定教材）として長年にわたり中島敦「山月記」が教科書に採録されてきた事実は周知のことである。また、多くの学校現場にて素地となった李景亮による中国怪奇小説「人虎伝」との差異を比較する実践が行われてきたことも知られるところである。

『学習指導要領』が改訂された後も、「文学国語」に「山月記」、「古典探究」に「人虎伝」の採録が見受けられる。例えば、教科書『古典探究』（文英堂、二〇二二年三月十五日文部科学省検定済）においても、「漢文編 第二部」の最後に「6 未来を思いえがく 伝奇小説―二人の李徴」として「人虎伝」（一部省略あり）に加え「参考」として「山月記」の採録が確認できる。さらに、同じく「参考」としては加藤徹による論考「人が虎になる時」も採録されて

いる点が特色であるといえる。

同教科書における「学習」は、次の三点である。

① 李徴はどのような人物か、まとめてみよう。

② 李徴はなぜ虎になったのか、グループで話し合ってみよう。

③「人虎伝」の李徴と中島敦「山月記」（四一八ページ参照）の李徴とどのような違いがあるか、両作品を読み比べて、グループで話し合ってみよう。

二人の李徴をめぐっては、読み比べと話し合い活動に主眼が置かれていることから明確な答えを求めるものではないと推察できる。また、読み比べることによって「読みを深める」というのみならず、学習活動の展開としてはグループによる発表など、まさに「探究」の要素が付随してくるものとしての可能性も拓ける。

## 二、初読にみる学習者の李徴像

「一」では、現行の教科書『古典探究』において李徴の人物像に着眼した一例を紹介した。それでは、実際の学習者は両作品の李徴をどのような人物として捉えうるのか。本節からは、過去に「山月記」の予習課題として「人虎伝」と「山月記」の双方を読んだ際、学習者が二人の李徴をどのように捉えたのかを示す。

実践は二〇二一年度、早稲田大学高等学院二年生・計四一名に対して「現代文B」の授業として計六回にわたり実施した。当時は感染症の流行期であったため各四〇分で進めた結果、実践後に「人虎伝」へ言及するに至れなかった。ただし、冬季課題に予習として「人虎伝」と「山月記」の双方を読み、授業者である稿者が設定した質問事項を GooGle Forms に回答していく方法をとったため、ここではその際の学習者が抱いた李徴像について言及をしていく。回答を求めたのは、次の五項目である。
①「人虎伝」あらすじ（二〇〇字程度）
②「山月記」あらすじ（二〇〇字程度）
③「人虎伝」「山月記」共通点（箇条書き可）
④「人虎伝」「山月記」差異点（箇条書き可）
⑤「人虎伝」と「山月記」を読んだ感想

## (一)「人虎伝」と「山月記」における差異

まず、学習者たちによる「人虎伝」と「山月記」の主な差異を整理すると、次のようになる。

①李徴が役人を辞めた理由
「人虎伝」：役人としての任期が満了したため、やむを得ず辞めた。
「山月記」：詩を作ることに専念するため、自ら役人を辞めた。

②再び働きに出た理由
「人虎伝」：生活に困窮したため。
「山月記」：詩業に半ば絶望し、家族（妻子）の衣食のために地方官吏に就く。

③虎になった理由
「人虎伝」：李徴が密会していた未亡人の家族を殺害（放火）したことが原因。

「山月記」：李徴の「臆病な自尊心と尊大な羞恥心」、および「詩を優先し、家族を疎かにした性格」が運命として虎に変貌させた。

④詩の評価
「人虎伝」：袁傪は詩を「格調高く、内容も深遠」と高く評価している。
「山月記」：袁傪が李徴の詩について「どこか足りない」と微妙な欠点を指摘する。
⑤依頼の順番
「人虎伝」：妻子の生活の面倒を先に頼み、その後詩の伝録を依頼。
「山月記」：まず詩の伝録を頼み、その後に妻子の生活の面倒を見るよう依頼。
⑥李徴の心情表現
「人虎伝」：李徴の心理描写は少なく、行動を中心に描かれる。

「山月記」：李徴の内面に焦点が当てられ、羞恥心、恐怖、自己否定感が詳述されている。
⑦物語の語り口
「人虎伝」：会話形式が多く、物語は比較的淡々と進む。
「山月記」：ナレーションが多く、李徴の独白が強調される。
⑧虎としての李徴の描写
「人虎伝」：虎になっても、人間としての性質を保っている。
「山月記」：虎としての感情が徐々に人間性を侵食していく様子が描かれる。
⑨李徴の出自
「人虎伝」：李徴は皇族の子孫であるとされる。
「山月記」：出自について特に言及なし。
⑩李徴が虎になった後の行動

「人虎伝」：人を食らう描写があり、李徴の暴力的な面が描かれている。
「山月記」：人間を襲った描写はなく、人間性を失う恐怖が中心。

⑪ 結末の意図
「人虎伝」：袁傪が道を通らないよう促す理由は、李徴の行動が薄情でないことを示すため。
「山月記」：李徴は自分の醜悪さを袁傪に見せ、「二度とこの道を通らないように」と忠告する。

「人虎伝」と「山月記」がいずれも「人間が虎になる」という設定を持ち、主人公が「李徴」という名前であることが共通しており、主人公が友人と会話する場面など、物語の枠組みが類似していることが確認できている。また、自尊心や傲慢さが主人公を変容させるというテーマ性が共通しており、それぞれが人間の内面や道徳観を扱っているという理解である。いずれにせよ、どちらにも結末に救いがなく、主人公の変容が最終的に悲劇的な結果をもたらすものとして受け止めたこととなる。

一方で、「人虎伝」では婦人を食べるエピソードがあり、「山月記」では詩業に絶望した描写がある。また「山月記」では「人間の心が消えたほうが虎として幸せ」と考える場面がある一方で、「人虎伝」ではそうした深い内面的な考察はない。これらの差異により、「山月記」は李徴の内面的葛藤や自意識過剰による苦悩を中心に描き、「人虎伝」は因果応報的な要素を強調する物語として解釈したと考えられる。

## (二) 「人虎伝」と「山月記」の感想と李徴像

全体の傾向として、「人虎伝」と「山月記」は共通点が多いものの、それぞれが異なる時代・文化的背景や作者の意図を反映したものとして興味深く読んだと思われる感想が目立った。また、「人虎伝」が簡潔で分かりやすく教訓的であるのに対して、「山月記」は人間心理を掘り下げた近代的な解釈がなされていることを特徴とし、両者を比較することで物語がどのように変容し、新たな価値を生むのかを考察したものも見受けられた。

①李徴の性格や描写
「人虎伝」：李徴は放火殺人などの直接的な悪行を行っており、因果応報的な罰として虎になっている。

「山月記」：中島敦版では李徴は自らの傲慢さや自尊心が原因で虎に変わったとされ、彼の内面に焦点が当てられている。反省や後悔が語られる部分も多い。
②原因と理由の深掘り
「人虎伝」：悪行そのものが虎への変容の原因とされ、心理描写は少ない。

「山月記」：李徴自身が虎になった理由を語り、心情や内面の葛藤が丁寧に描写されている。
③友人の反応
「人虎伝」：袁傪が李徴の犯罪を聞いても特に動じず、親しみを持って接している。

「山月記」：袁傪が李徴の境遇や心情に寄り添いつつも距離を保つ描写が見られる。
④文学的要素
「人虎伝」：単純で寓話的な物語構造。古典的で、因果応報や教訓的要素が強い。

「山月記」：精緻な心理描写や詩的な表現が多く、近代文学としての特質が際立つ。

「人虎伝」について、リアリティや分かりやすさを好む人に受け入れられやすい。一方で、物語が平坦で退屈だという意見もみられた。それに対して「山月記」では、文学的で深い心理描写が高く評価される反面、難解だと感じる感想もあった。また、李徴の内面については、共感した感想があったが、反面教師とする感想もあった。

作者である中島敦自身との関連性を指摘するものでは、中島敦が自身の境遇や心情を李徴に投影しているという考察が多数みられた。例えば、中島の喘息や創作活動の困難が、李徴の虎への変容と重ねられていた。また、「山月記」が「人虎伝」の「パクリ」として「炎上」する可能性を挙げる意見や、ジェンダー論やラカン理論での批評の可能性を示唆する意見など、現代的な解釈をする感想もあった。双方を通して、「失ってから気付く大切さ」や、「傲慢さが人を変える」といった教訓的メッセージが両作を通じて感じられるとの言及が多くみられた。

右記を踏まえ、李徴の人物像に言及したうち三名のものを取り上げる。一部において不適切な表現が見受けられるが、ここでは原文通りとした。

学習者a：李徴のキャラが嫌い、とにかく嫌い。「山月記」の李徴は、妻子の事に対して一番後悔しているようだったのでまだマシ

学習者b：人虎伝の李徴がド畜生すぎる。李徴が放火殺人したことを打ち明けたのに哀惨があまり動じていないことに驚いた。

学習者c：山月記の方が救いようのある主人公であると感じた。

感想から共通して読み取れるのは、「人虎伝」の李徴に対して肯定的でない点にある。「山月記」において虎により語られた発狂に至った経緯に対して、「人虎伝」においては放火殺人を犯すという歴然とした経緯があるため、特に初読の感想としては想定内ともいえるかもしれない。しかし、見方を変えれば「山月記」あるいは「人虎伝」を学習後に両作品から読み取れる李徴像について考える場合、同じ学習者であっても学習を経てから比較した場合に変容し得るのかには疑問が残る。

そこで次節では、先に取り上げた三名が「人虎伝」および「山月記」のどのような点に着眼点を置き読んだのかを先の項目から抽出し、考察を試みるものとする。

## 三、学習者の着眼点と李徴像の相関

「二」でも述べたように、本節では先に取り上げた三名の学習者をａ・ｂ・ｃの順番で取り上げつつ、相関についての考察を行う。なお、引用右横の傍線はすべて筆者によるものである。

### (一) 学習者ａ

①「人虎伝」あらすじ（一〇〇字程度）

李徴が家に帰る途中で突然虎になった。一年後に旧友の袁傪に再開し、これまでのことを話した。自らの詩と妻のことを頼み、密かに付き合っていた女性の家族を殺したことを告げた。この道は通らないようにと言い、袁傪と別れた。最後に袁傪は遠くから虎の姿を見た。

②「山月記」あらすじ（一〇〇字程度）

李徴は仕事をやめ、詩で名を上げようとしたが失敗。復職するも、「臆病な自尊心」と「尊大な羞恥心」が邪魔をして人と交流できない。一方、旧友である袁傪は出世していた。李徴は羞恥心で虎になってしまい、森で袁傪と再会。これまでのことを話し、妻子と自らの詩のことを頼んで森の中に消えた。

③「人虎伝」「山月記」共通点（箇条書き可）

・虎になる

・袁傪と再会
・袁傪に自らの詩と妻子のことを頼む

④「人虎伝」「山月記」差異点（箇条書き可）
・虎になった理由
・李徴の詩に対する袁傪の評価
・依頼する際、「山月記」では、妻子→詩だが、「人虎伝」では逆
・役人をやめた理由

○「感想」において「李徴のキャラが嫌い、とにかく嫌い。「山月記」の李徴は、妻子のことに対して一番後悔しているようだったのでまだマシ」と述べていたが、この感想に明確につながっていると思われる李徴の人物像に言及しているのは①のみであり、④において差異点としての言及はなされていない。すでに①で記載したからであるとも考えられるが、やはり、あらすじ、「感想」において李徴の性格に言及しているところから、印象強かったことがみてとれる。

## (二) 学習者b

①「人虎伝」あらすじ（一〇〇字程度）
皇族の子孫である李徴は、自信家でエゴイスト。任期を終え役人をやめて暮らしていると、病にかかり狂って姿を消してしまう。一年後、袁傪が偶然虎に変貌した李徴に再開《ママ》し、李徴の体験談や望みを聞く。

②「山月記」あらすじ（一〇〇字程度）
李徴は役人をやめ詩人となるが、生活に困窮し病んでしまい結局病にかかり虎となってしまう。1年後、袁傪が

虎となった李徴に偶然出会い、虎となった経緯や、李徴の望みを聞いていく。
③「人虎伝」「山月記」共通点（箇条書き可）
登場人物が李徴と袁傪の二人のみであること。

李徴が虎になること。／李徴の望みが、詩を記録することと、母子の面倒を見てもらうことの二つであること。
④「人虎伝」「山月記」差異点（箇条書き可）
李徴が役人をやめた理由が、人虎伝は任期を終えたからだが、山月記は、詩人になるためであること。／李徴が虎になった原因が、人虎伝は交際していた未亡人の家族を放火して殺したことだが、山月記は、詩を書くために家族のことをおろそかにしてしまったことであること。
○「感想」にて「人虎伝の李徴がド畜生すぎる。」と言及した学習者bは、①における「人虎伝」のあらすじ段階で李徴の性格を「自信家でエゴイスト」と明示している。一方、②の「山月記」では李徴の性格について言及はなく、続く③や④でも述べられていない。ただし、④では「人虎伝」において虎になった原因が「未亡人の家族を放火して殺したこと」と具体的に記入しているところから、「人虎伝」における李徴の性格と虎に至った原因としての放火殺人の双方が、感想にみられる言及へとつながっている。

### (三) 学習者c

①「人虎伝」あらすじ（一〇〇字程度）
主人公の李徴は皇族の子孫であり、とても頭が良かった。そのため自分の能力を過信し、今の身分の低い役職に不満を持ち、同僚たちや、周りの人々とうまくコミュニケーションを取れなかった。仕事の任期が終わると李徴は、人と関わらない生活をするようになった。しかしながらまたもお金がなくなり生活に困った李徴は、都に戻り地方

の役人に助けを求めた。金に困らなくなった李徴は、残寝《ママ》なことに実家に帰るときに病に倒れる。それから李徴は、家来を鞭で叩いたりし、正気を失った。そして十日ほど後の夜に忽然と李徴は姿を消したのだった。

②「山月記」あらすじ（一〇〇字程度）

詩人になると志す主人公の李徴が、自分自身の傲慢な考え方から道を踏み外し、才能を無駄にし、次々と社会から孤立していった。そんな自分自身に苦しんで、羞恥心のあまりに虎になってしまったのだった。

③「人虎伝」「山月記」共通点（箇条書き可）

主人公の名前／正確《ママ》／ある程度の物語の概要

④「人虎伝」「山月記」差異点（箇条書き可）

李徴の出生／役人をやめた理由／再就職の理由／李徴の詩／虎になった理由

〇「『山月記』の方が救いようのある主人公である」と評した学習者cの記入からは、先の学習者a・bのように、放火に関する記述は見受けられない。ただし、「人虎伝」における李徴は「自分の能力を過信し」ており、他者と「うまくコミュニケーションを取れなかった」ことについては述べている。また、「山月記」では「自分自身の傲慢な考え方」が根底にあると考えている。

## 四、おわりに：今後の展望と課題

冒頭でも述べたように、「人虎伝」と「山月記」という二つの作品を読み比べることにより李徴の「人物」や両作品における「違い」について学習すること、話し合いを行うことなどは学習指導要領が改訂される遥か以前より数多に行われてきた。この度の改訂によって、「探究」として李徴の人物像に着眼点を置くのであれば、単なる比較に留まってしまうのではなく、学習者が読み取った二人の李徴をいかに「探究」していくのかという点にも留意したい。

本稿で紹介した李徴像の場合、単元として「山月記」については扱えたが、肝要な「人虎伝」は扱うことが叶ったものではない。また、その前提ともいえる作品そのものの比較にしても、当時の学習者が置かれた現状が色濃く反映された解釈が多分に読み取れるが、それが今日においても通底するものなのかどうかなど、比較と検討の余地が多分にある。『古典探究』として改めて「人虎伝」と「山月記」それぞれの読みを深め、作品の解釈そのものも「探究」していくことで、学習者たちにとって普遍的ともいえる李徴像のみならず、これまでにない新たなる李徴像も立ち現れてくるのではないか。筆者自身の課題としておきたい。

# 第三部　教材・指導の探究と問題点

# 第八章

## 高校国語の漢文教材としての「桃花源記」

井上　一之

平成三十年、高等学校の「学習指導要領」が告示され、この要領はすでに令和四年から実施されている。指導事項の増加、教材の取り扱い、科目構成の改変と、それに伴う単位の変動等、改訂された点は少なくない。なかでも注目されるのは、「科目間の融合」が謳われていることである。選択科目には、「論理国語」「文学国語」「国語表現」「古典探究」の四科があるが、たとえば「古典探究」と「論理国語」の融合といった点から『論語』や柳宗元「送薛孫義序」が取り上げられている。こうした取り組みは、古典を現代社会において読み直し、再活用する試みとして高く評価できる。古典とは、単に過去の作品・書籍ではなく、またたんなる教養や知識として学ぶものでもなく、時代の変化とともに新しい価値・意義を生み出し、つねに読者の現在にあって読み直されるべき作品をいうからである。

ここでは、「古典探究」に採択されることの多い(1)「桃花源記」を取り上げ、教材のもつ可能性について考えてみたい。

## 一、「桃花源記」の本文と作者

まず、「桃花源記」の原文と書き下し文を示しておこう。作者は、東晋の詩人、陶淵明（三六五～四二七）とされ、その別集『陶淵明集』に収録される。

晉太元中、武陵人捕魚爲業。縁溪行、忘路之遠近。忽逢桃花林。夾岸數百歩、中無雜樹、芳華鮮美、落英繽紛。漁人甚異之。復前行、欲窮其林。林盡水源、便得一山。山有小口、髣髴若有光。便捨船、從口入。初極狹、纔通人。復行數十歩、豁然開朗。土地平曠、屋舍儼然。有良田・美池・桑竹之屬。阡陌交通、鷄犬相聞。其中往來種作、男女衣著、悉如外人。黄髮垂髫、並怡然自樂。見漁人、乃大驚、問所從來。具答之。便要還家、爲設酒、殺鷄作食。村中聞有此人、咸來問訊。自云「先世避秦時亂、率妻子邑人來此絶境、不復出焉、遂與外人閒隔」。問、「今是何世」、乃不知有漢、無論魏晉。此人一一爲具言所聞、皆歎惋。餘人各復延至其家、皆出酒食。停數日、辭去。此中人語云、「不足爲外人道也。」既出、得其船、便扶向路、處處誌之。及郡下、詣太守、説如此。太守即遣人隨其往、尋向所誌、遂迷不復得路。南陽劉子驥、高尚士也。聞之、欣然規往。未果、尋病終。後遂無問津者。

（晉の太元中、武陵の人　魚を捕ふるを業と為す。渓に縁りて行き、路の遠近を忘る。忽ち桃花の林に逢ふ。岸を夾みて数百歩、中に雑樹無し、芳華鮮美、落英繽紛たり。漁人　甚だ之れを異とす。復た前《すす》み行きて、其の林を窮めんと欲す。林　水源に尽き、便ち一山を得たり。山に小口有り、髣髴として光有るがごとし。便ち船を捨てて、口より入る。初め極めて狭く、纔《わづ》かに人を通すのみ。復た行くこと数十歩、豁然として開朗なり。土地平曠、屋舎儼然たり。良田・美池・桑竹の属《たぐひ》有り。阡陌《あぜみち》交はり通じ、鶏犬　相ひ聞こゆ。其の中に往来し種作す、男女の衣着は、悉く外人のごとし。黄髪《ろうじん》・垂髫《おさなご》、並びに怡然として自ら楽しましむ。漁人を見て、乃ち大いに驚き、よりて来たる所を問ふ。具さに之れに答ふ。便ち要《むか》へて家に還り、為に酒を設け鶏を殺して食を作る。村中 此の人有るを聞き、咸《み》な来りて問訊す。自ら云ふ、「先世 秦時の乱を避け、妻子・邑人を率ゐて此の絶境に来り、復た出でず。遂に外人と間隔せり」と。問ふ、「今は是れ何れの世ぞ」と。乃ち漢有るを知らず、魏・晋を論ずる無し。此の人 一一為に具さに聞く所を言へば、皆な歎惋す。余人 各〻復た延《ひ》きて其の家に至らしめ、皆な酒食を出だす。停まること数日、辞去せんとす。此の中の人語《つ》げて云ふ、「外人の為に道《い》ふに足らざるなり」と。既に出で、其の船を得て、便ち向《さき》の路に扶《そ》ひ、処処に之れを誌《しる》す。郡下に及び、太守に詣《いた》り、説くこと此くのごとし。太守 即ち人を遣りて其の往くに随ひ、向に誌せし所を尋ねしむるも、遂に迷ひて、復た路を得ず。南陽の劉子驥、高尚の士なり。之れを聞き、欣然として往かんと規《ほっ》す。未だ果たさざるに、尋いで病み終はる。後遂に津を問ふ者無し。）

（汲古閣旧蔵宋刻遞修『陶淵明集』巻六）

――東洋のユートピア〝桃源郷〟の出典としてひろく知られる作品であり、志怪小説の一類、いわゆる「異界訪問譚」に分類される。陶淵明の当時、こうした異界、とくに洞窟を探訪する説話は、世人の関心を集めたらしく、現存する南朝の志怪小説類には数多くの類話が観察される。そうであれば、なぜ「桃花源記」のみが東洋的ユートピアの祖型として、現在に至るまで日中ともにひろく愛されてきたのか。これは、一考に値するであろう。

それはともかく、ここで、この教材を教場において現在どのように活用しているのかを確認しておきたい。現行の教師用指導書類[2]では、「不復出焉」、「太守即遣人随其往」等の句式に着目して、語法（否定、使役構文）の説明を加えるよう求めている。しかし実際、これらは他の作品を用いても十分習得可能であり、特別にここで注目すべき語法とまでは言い難いであろう。

そこで、もう少し深く、本作品の思想内容に触れる指導案も提示されている。本文三行めに見える「鶏犬相聞」

の句である。この句が『老子』第八十章「小国寡民」の「鄰国相望、鶏犬之声相聞、民至老死、不相往来（鄰国相ひ望み、鶏犬の声　相ひ聞こえて、民　老死に至るまで、相ひ往来せず）」を典故とするのは、その指摘の限りにおいて、異論はない。「鶏犬の声」は、『老子』以来の中国文学・思想史において、素朴な農村であると同時に、理想的な国の象徴であり続けたことは明らかである。ただ、『老子』はすぐれて現実的な国家として、「鶏犬の声　相い聞こえる」（隣接しながら往来しない）国のかたちを想定しているのに対して、本作品は（行きたくとも）二度と再び到ることのできない場所として「桃花源」が描かれている点で、両者は大きく異なっている。つまり、桃源郷は世俗と絶縁した異世界とされているのである。現行教科書類においては、「桃花源記」にある理想郷観の根本に老荘思想の影響が見える、と指摘するものがあるが、本作品と老荘思想（哲学）とは、実際のところ直接的関係はない、と言ってよい。

ここで「桃花源記」に関する基礎的事実を二点、確認しておきたい。一つは、フィクションか、実録か、という問題。もう一つは、作者はだれか、という問題である。この二点を明らかにしなければ、教場においてこの教材をどう利用すべきか、利用方針の設計が難しくなると思われるからである。

第一の点については、研究者ないし教科書執筆者の間で意見が分かれている。現在、最も有力な説は、まったくの創作ではなく、東晋以降、世間にひろく伝承された「洞天説話」（実録）に、文人が手を入れた（脚色＝フィクション）、という解釈である。(3)

「洞天説話」とは、名山の中にある「洞天」あるいは「洞天福地」と呼ばれる別天地を信仰する道教の教説に基づく説話をいう。「桃花源記」に見える「山に小口有り、髣髴として光有るがごとし」の記述は、まさにこの「洞天」を暗示しており、本作品を収める現行本『捜神後記』巻一の十一話中、第一話から第六話（本作品は第五話に当たる）までの六話がすべてこの「洞天」に関わる説話となっている。そして、これらの内容は、梁・陶弘景の手に成る、上清派道教の根本経典『真誥《しんこう》』（東晋期に茅山で行われた神降ろしの記録をまとめた書）巻十一「稽神枢篇《けいしんすうへん》」に見える、穴中世界の記述と一致するのである。道教の終末論によれば、近い将来、世界は終末を迎えるが、その災厄を逃れ、「以て大兵・大難を避ける」（『抱朴子』金丹篇）ことのできる場所が「福地」すなわち洞窟であった。

実際、「桃花源記」の住民は、その先祖が「秦時の乱を避け」てきたとされる。しかし一方で、石川氏の指摘する[4]「芳華鮮美、落英繽紛」、「土地平曠、屋舎儼然」といった整然たる四言句や、「欲窮其林。林盡水源、便得一山。山有小口」の蟬聯体、および内山氏の指摘する[5]、「契約の締結とその破棄」（多言禁止の約束と違反）といったプロットから判断すれば、これは明らかに、ある文人が、素材となった民話「洞天説話」に手を加えたものと考えられるのである。

第二の問題は、その「誰か」に関わる。既述のように、本作品は、『陶淵明集』巻六、ならびに淵明の撰と伝える『捜神後記』巻一に収められていることから、今日、陶淵明の作品と見なす者が多い。だが、一方で現存陶集には偽作も混入しており、詩題や作品配列にも後人の手が加わっていることはよく知られる。陶集に収録されていることが、必ずしも「桃花源記」を淵明が書いたことを保証するわけではないのである。また『捜神後記』について言えば、『隋書』経籍志に「捜神後記十巻、陶潛撰」と著録する原本は、宋代には亡んでいたらしく、現在通行する『後記』は、後人（おそらく明人）が集輯したものとみて間違いない。なぜなら、淵明は宋の元嘉四年に亡くなっているのに、書中に元嘉十四年の記事が見えるからである。近年刊行された、李剣国『新輯捜神後記』（中華書局、二〇〇七年）には、「桃花源記」を収めておらず、これは明以前の類書等に残る「桃花源記」が『捜神後記』を出典としていないからである。つまり、原『捜神後記』が現行の「桃花源記」を収録していた確証がないのである。

そこで内山氏は、次のように説く[6]。

これら一連の類似した説話は、既に陶淵明の死ぬまぎわか、死んでからの時期に限定されるので、それらの説話が「桃花源記」の典拠になったとすると、「桃花源記」の成立は淵明の没後だという可能性も生じてくる。……「桃花源記」を陶淵明の寓意の作だとする見方からすれば、……太元末か、それとも宋に入ってからのことになる。しかし、民間説話の側から攻めてゆくと淵明没後の元嘉年間の可能性も出てくる。

内山論文の根拠は、本作品の舞台が「武陵」とされることである。現存史料によると、武陵の洞窟探訪説話が記載されるのは、いずれも元嘉以降のことで、これは「淵明が死ぬまぎわか、死んでからの時期に限定」される。したがって、「桃花源記」の成立は、淵明の没後である可能性が生じてくる、と当該論文は主張するのである。

本稿は、内山論文の仮説――現行の「記」は淵明の作ではない――にほぼ同意する。その理由は、「武陵」の問題のみならず、「桃花源記」と「桃花源詩」との間に内容的に一致しない点が存在するからである。たとえば、「詩」(7)には「春蠶収長絲、秋熟靡王税（春蠶には長糸を収め、秋熟には王税靡し）」、また「俎豆猶古法、衣裳無新製（俎豆［祭祀の器］猶ほ古法のごとく、衣裳に新製無し）」とあるが、「王税がないこと」「祭祀の器物と衣裳が古代のままであること」が、それに該当する記載が「記」には見当たらない。これを淵明が（記から）想像し、加筆したもの、と考えることも無論可能ではあるが、それよりも淵明が参照した原「桃花源伝説」に「秋熟靡王税」以下四句に該当する内容が本来あったと考えるのがより自然であろう。そして、さらに進めて「詩」との関連で言えば、原伝説には、「太元」や「武陵」の語もなかったのではないか、と推測される。

もう一つ気になるのは、「南陽劉子驥」以降の一文である。劉子驥（通行本『捜神後記』では、前漢の劉歆に書き換えられている）は、劉驎之《りんし》の字であり、この人は『晋書』隠逸伝に立伝され、『世説新語』棲逸篇、臧栄緒『晋書』（『北堂書鈔』『初学記』所引）、何法盛『晋中興書』（『太平御覧』所引）にも関連記事がある。それらによれば、驎之は車騎将軍（または荊州刺史）桓沖（桓温の弟）から長史に召されたが、固辞している。桓沖が車騎将軍に除せられたのが、孝武帝の太元元年（三七六）正月であり、かれは車騎将軍のまま、太元九年（三八四）二月に亡くなっている。したがって、驎之が長史に召されたのは、太元元年から八年の九年間、その時、驎之は二十歳を過ぎていたであろうから、逆算して三五五～三六三年以前の生まれということになる。これは、三五六年生まれとされる淵明のほぼ同時代人である。もしかりに淵明が「桃花源記」を書いたとすれば、この記事は過去の伝承ではなく、近年の出来事を叙述したことになるだろう。そして、「記」によれば、「尋いで病み終はる」(8)とあるから、おそらく驎之は太元年間（三七六～三九六）に亡くなったはずであり、この「記」は東晋・安帝の隆安年間以降の制作、と考えてよい。

そもそも、なぜ「記」の最後に「南陽の劉子驥」なる固有名詞が付記されているのか。「記」には、「尋向所誌、遂迷不復得路」とあり、漁師が多言禁止の約束を破ったがために再訪できなくなった、という事実を以て、説話としてはいちおう完結しているのである。劉驎之が行こうとしたが、その前に病死した、という一事は、「桃花源記」のプロットにおいては、むしろ不要な叙事である。

ここで興味深いのは、その劉驎之の逸話である。

嘗採薬至衡山、深入忘反。見有一澗水、水南有二石囷。一囷閉、一囷開。水深廣不得過。欲還、失道。遇伐弓人、問徑、僅得還家。或説囷中皆仙方・靈藥・諸雜物。驎之欲更尋索、終不復知處也。

嘗て薬を採りて衡山に至り、深く入りて反るを忘る。一澗水有るを見るに、水の南に二石囷《せききん》有り。一囷は閉ぢ、一囷は開く。水 深広にして過ぐるを得ず。還らんと欲するも、道を失へり。弓を伐る人に遇ひ、径を問ひ、僅かに家に還るを得たり。或ひと説く、囷中 皆な仙方霊薬、諸雑物なりと。驎之 更に尋ね索《もと》めんと欲するも、終に復た処を知らざるなり。

（『晋書』巻九十四）

ここに見えるのも、じつは洞窟探訪説話である。「石囷《せききん》」（あなぐら）の中に、仙方・霊薬があることを聞いた驎之が再び訪れようとしたが、場所が分からなくなった、と記される。「桃花源記」の末尾に、「未果、尋病終」と劉驎之の逸話がわざわざ補足されたのは、ほぼ間違いなく、右記の情報を――どのようなルートか不明だが――入手した作者が、衡山の洞天説話を武陵の桃花源説話に関連づけようとしたものであろう。ところで、この情報について、前掲の文は『晋書』から引用したものであるが、同様の記事が、『晋中興書』、臧栄緒『晋書』にも見えている。いずれも六朝・宋代以降に成った史書である。そうすると、現行の「記」は宋以降に作られたものと考えるのがもっとも無理がない。淵明は宋初の元嘉四年（四二七）に亡くなっており、そうするとかれの没後に作られた可能性もあながち否定できないのである。

そして最後に指摘すべきは、篇題の問題である。陶集の「桃花源記并詩」という篇題自体、詩の形態から考えて異常である。中国の古典詩には序文をもつものが多いが、この「記」は作者が顔を出さない点で序文ではない。この詩題に依る限り、「記」も「詩」もともに作者の制作であることになるが、六朝時代において、「記」（志怪小説）と「詩」は同等の文芸ジャンルでないことは十分留意されてよいだろう。こうしたジャンル間の位相を考慮すれば、「詩」がメインであることは明らかであり、「記」はその補助材料（序のようなもの）として引用されたにすぎなかったはずである。つまり少なくとも「桃花源詩并記」でなければならないわけである。「詩」が主であれば、「記」は従であって、ほとんど参考文献の扱いに近いものであり、淵明がそれを参照して詩を作った、と見なすのが自然である。

このように考えてくると、淵明が「桃花源詩」を作ったことは動かしがたいが、現行の「記」をも作ったかどうかは、かなり不安定なのである。一つの可能性は、陶淵明が東晋当時、巷間に流布していた「桃花源伝説」を参照して「桃花源詩」のみを書いた、とする見方である。それが後の陶集編纂の際に、六朝宋代に成った「桃花源記」（現行のもの）が付け加えられ、さらに篇題が「桃花源記并詩」へと改変されていったわけである。

もう一つは、「桃花源詩」に併せる形で、すでに先行他者によって書かれていた原「記」が淵明によってもともと付記されていた（桃花源詩并記）が、後に「記」が失伝し、新しい「記」（現行のもの）にすり替わった可能性である。

いずれにしても、南斉の黄閔撰『武陵記』（『太平御覧』巻四十九所引）に「武陵山中有秦避世人居之。尋水、号曰桃花源。故陶潜有桃花源記」とあることから、黄閔の時代までに「桃花源記」が陶集に収録されていたことは間違いない。もっとも、ここに云う「桃花源記」が現行の「桃花源記」と同じであるかどうかは現在において確認できない。

要するに、「記」は洞天説話に関わる民間伝承に文人が手を加えて成ったものであることは事実であるとしても、必ずしもそれを陶淵明が書いたとまでは断定できない、ということである。それを淵明が書いた、と考えるために、「記」が淵明の想像に基づく「フィクション」だと思い込み、淵明の思想を作品化したものとして解読してしまうのである。陶淵明の思想は、「詩」において開陳されており、「記」と「詩」は本来、切り離して理解すべきものであって、「詩」（に見える思想）に基づいて「記」を解釈することは厳に慎まねばならない、と言えよう。

## 二、桃源郷の所在

ところで、こうした疑義のある「桃花源記」を教育現場で活用するには、どのようにすべきであろうか。一つの提案は、「文学国語」との融合である。桃源郷は中国に存在した土地であるが、海を越えて我が国の文人にも少なからぬ影響を与えており、様々なジャンルの文学作品において頻繁に言及されている。そうした「桃源郷作品」と「桃花源記」を比較することで、日本と中国の共通点のみならず、日本文化の特異性がいっそう浮き彫りになるであろう。

桃源郷の所在地(9)について中国では、古来、議論が喧しいが、異国である日本に桃源郷は当然存在せず、文学作品において比喩的（隠喩＝「桃花源」のような場所）に語られるケースが過半を占める。その類型は大別して、以下の三つに類別されよう。

第一は、実在の土地。具体的には、吉野を指す。

たとえば、藤原朝臣宇合《うまかい》（六九四―七三七）の「五言、遊吉野川」に、次のようにある。

芝蕙蘭蓀澤、松柏桂椿岑。（芝蕙蘭蓀《しけいらんそん》の沢、松柏桂椿《けいちん》の岑）
野客初披レ薜、朝隠蹔投レ簪。（野客　初めて薜《へい》を披、朝隠　暫く簪《しん》を投ず）
忘レ筌陸機海、飛レ繳張衡林。（筌《せん》を忘る陸機が海、繳《しゃく》を飛ばす張衡が林）
清風入二阮嘯一、流水韻二嵇琴一。（清風　阮嘯に入り、流水　嵇琴に韻《ひび》く）
天高槎路遠、河廻桃源深。（天高くして槎路《さろ》遠く、河廻りて桃源　深し）
山中明月夜、自得幽居心。（山中　明月の夜、自ら得たり幽居の心）

とあり、中臣朝臣人足《なかとみあそんひとたり》（七〇七―七一七在世）の「五言、遊吉野宮。二首」其一にも、

惟山且惟水、能智亦能仁。（惟《こ》れ山にして且つ惟れ水、智を能くし亦た仁を能くす）
萬代無レ埃所、一朝逢レ柘民。（万代　埃無き所、一朝　柘《つみ》に逢ひし民）
風波轉入レ曲、魚鳥共成レ倫。（風波　転《うた》た曲に入り、魚鳥　共に倫《なかま》を成す）
此地即方丈、誰説桃源賓。（此の地　即ち方丈、誰か説かん桃源の賓）

（『懐風藻』）

このように、奈良時代、数多くの詩人たちが吉野川流域に出向き、漢詩を詠んでいる。とくに持統天皇は三十回以上も吉野宮へ行幸しており、当時の吉野が重要な場所であったことがここから推測されるが、その目的・理由は今なお詳らかではない。ただ、中臣人足の詩に、「此地即方丈」とあり、吉野を東海中の仙山「方丈山」と呼んで

いることからすると、神仙思想、もしくは道教との関連が疑われるであろう。王維・韓愈・劉禹錫等[10]、中国における「桃花源」についてもまた、古来、仙境と考える文人が多く、奈良時代の日本人もその影響下にあったと考えても差し支えない。

第二は、故郷、または精神の拠り所となる安息の場所を指すケースである。ここでは、与謝蕪村（一七一六〜一七八四）の発句を紹介したい。蕪村は、その俳号が淵明「帰去来兮辞」の冒頭「田園　将に蕪れんとす胡ぞ帰らざる」に由来する、とされるように、終生、陶淵明の詩集を愛読したことで知られる。かれは、陶詩に因む句を少なからず作っており、また画家として桃源郷をモチーフとする「桃源行図」、「武陵桃源図」等の絵画も伝存している。桃源郷を詠う発句としては、

○商人を吠ゆる犬ありももの花
○初午や鳥羽四ツ塚の鶏の声
○桃源の路次の細さよ冬ごもり

等がある。このうち、第三の発句は、「桃花源記」の「初め極めて狭く、纔かに人を通すのみ」を踏まえたものである。蕪村は、山穴の中に現出する桃源郷的世界よりも、むしろそこに至る「路の狭さ」に注目しているのが興味深い。この点につき、芳賀徹氏は次のように説く[11]。——

陶淵明がなによりも桃花源の詩人、そして田園詩人として見られるようになるのは、池大雅と蕪村の時代、十八世紀の後半からであったと考えられる。……だいたい故郷とは、安息の地とは、けっして上ってたどりつくべき場所ではなく、最後にはつねに下降して入り込んでゆくべき「深く」まろやかな空間ではなかろうか。「桃花源記」の武陵の漁夫も、岩穴の洞門を潜り抜けた後には、眼下に「開朗」した桃源の村里へと下りて行ったにちがいない。…「桃源の路次」は細いだけでなく、最後にはゆるやかに下ってゆかねばならぬものな

のである。…蕪村の句でも、同じく「故郷の路に似た」路がみずみずしい芹の緑や、鼻をつく野イバラの香りのなかに途絶えていったとき、そのかなたに、「我帰る」べき故郷、あの失われた桃源は、いっそう強く喚起されるのである。

「狭いトンネルを通り抜ける」のは、古今東西、異境訪問説話に共通する常套的パターンであるが、蕪村にとって、故郷もまた同様に暗く狭い路を経て辿り着く場所であった、と芳賀氏は述べる。「冬ごもり」が安息の場所、すなわち故郷を指すとすれば、蕪村にとっての故郷は桃源郷に見立てられた、と言ってよい。そして故郷が狭い路地を通り抜けたところに至るとすれば、それは母胎を暗示すると考えることもあるいは可能であろう。いずれにしても、日本において「桃源郷」は、それまでどこかの麗しい実在の場所を指してきたが、蕪村によってそこに精神性が与えられたことは、日本人の精神史においてきわめて重要だと考えられる。

最後は、農村ないし地方を桃源郷に見立てるケースである。これは、近代以降、具体的には徳富蘇峰（一八六三～一九五七）が主宰する言論団体「民友社」の人々によって鼓吹された。代表的な作品として、宮崎湖処子（八百吉。一八六四～一九二二）が明治二十三年（一八九〇）に発表した『帰省』がある。その第七章「山中」では、まず冒頭に淵明の「桃花源詩」を引用したうえで、次のように記す（節録）。

…幼時我吾母の膝下に聞けり、吾里は山家《やまが》なれども、故郷の如く懐かしき家はあらずと。此語今も猶ほ忘る丶能はず。…昔我久しく此地に居りにき。我田家を愛するの思想は半は此處に生まれし吾母の遺傳にして、半は居に氣を移せしものなり。當時我は此村を桃花源と呼び、其家を五柳の居と稱へたり。蓋し其山巒の秀麗なる、其泉流の清冽なる、其境界の隠逸なる、其居民の淳樸にして篤實なる、既に浮世の枝に非ざるのみか、吾祖母の愛の手多くの孫の頭に分たれし裡にも、我は殆と一身之に當れる思を爲し、善人なる伯父の徳は、一年間の客寓の間、一日の如く我を容れ、吾友は我に懐づき、村民は咸來の少賓として敬愛したればなり。去れ

ば愛の夢の爲に。…（傍点は引用者による）

『帰省』は、湖処子が東京から故郷、福岡へ帰省した際[12]の実体験をもとに構想執筆したものであり、明治前半におけるベストセラーとされる（明治末年までに二十五版）。東京の色に染まった地方出身の青年にとって、地方の農村はまさに桃源郷として知覚されたことがここで見てとれるが、当時の本書に対する書評[13]においても地方農村を桃源郷に見立てる発想が示されている。

故に折角の好文字も基督教臭味の爲に俗殺せられんことを恐れしが、之を讀むに左る臭味なく、文の趣味多くして田野の樂を談する殆ど陶家の詩巻を讀むが如し、讀みて第七章の一篇に至り益々文の妙なるに感服せり、佐田村は是れ宛然たる武陵桃源、明治の朱陳村、桑間犬吠鶏鳴の趣掬すべし…。（傍点は引用者による）

ところで『帰省』は、民友社の推進した「故郷礼賛キャンペーン」と深い関わりがある。明治二十年（一八八七）、徳富蘇峰は、言論結社「民友社」を結成するとまもなく、機関紙『国民之友』に「青年学生は奚ぞ故郷に帰らざる奚ぞ田舎に遊ばざる」、「故郷」、「田舎漢」等の論文を次々発表し、青年たちに向けて、都会を離れ、地方の故郷へ帰省することをつよく奨励した。民友社は「自由民権運動の挫折の後の状況を受けて、地方の名望家を理念化した『田舎紳士』を新しい政治的・倫理的主体として打ち出し」、「明治政府によって貴族主義・藩閥主義に偏向した日本の近代化の主導権を、豪農層を中心とする『中産階級』の手に奪い返し、農村の資本主義化を通して日本の変革をすすめよう」という狙いがあったとされる。したがって民友社の意を体して発表された湖処子『帰省』には、文学的であるとともにイデオロギー的な側面があり、それは一種のプロパガンダとして社会的に機能していたと見るのが通説である[14]。それはともかく、明治二十年代、日本における桃源郷は、（東京に対立する）地方・農村へと移っていったのである。

## 三、結び

以上、「桃花源記」を教材として用いるにあたり、ネックとなる作者の問題をまず検証し、さらに日本における桃源郷作品を時代順に紹介し、①吉野、②故郷、③地方・農村の三つの類型について論じてきた。

ところで現在の日本における桃源郷は、いったいどのような場所なのであろうか。

「桃源郷」は、トマス・モア（Thomas More 一四七八〜一五三五）の小説の題名に因んでユートピアと訳されることが多い。そしてこれが「ユー」（No 無い）と「トピア」（Topos 場所）の合成語であり、「どこにもない場所」を指すことは周知の通りである。が、明治十五年（一八八二）に井上勤が本書を翻訳した際の原題は、「良政府談」であったことはあまり知られていない。当時、「無何有《むかう》の郷」（『荘子』逍遥遊篇）と訳すことも十分可能であったと思われるが、井上があえて「良政府談」と訳したことは、理想郷が――精神的なトポスというだけでなく――政治や政府のあり方と密接不可分である、という真理を示唆するものである。

ユートピアとは現実の裏返しであり、相対的なものであって、未来永劫、万人が認める、絶対的な理想郷が実在することはない。「今現在」に存在しないもの、あるいは異なるものを、人は追い求めるのだと言えよう。思えば、「桃花源記」に描かれる、平和で牧歌的な、言ってみれば何の変哲もない農村風景が、長きにわたり中国の理想郷の象徴となってきたことは、それだけ中国の社会が内乱や紛争の戦火に脅かされる時間が多かった、ということを端的に示しているのである。つまり既存の社会や政治に対する批判の意識がなければ、ユートピア思想は生まれないし、そして社会の変革も期待できない。桃源郷を考えることは、現今の社会・政治を批判的に見ることであり、この意味において、我が国の高校国語教育の場で、東洋の理想郷の源泉たる「桃花源記」を教材とすることは、教育的に十分意義のあることだと言えよう。

## 注

（1）「桃花源記」を採択するものに、三省堂『精選　古典B』（二〇一九年）、第一学習社『言語文化』（二〇二二年）、大修館書店『古典探求　漢文編』（二〇二三年）、筑摩書房『古典探求』（二〇二四年）、明治書院『精選　古典探求』（二〇二四年）、桐原書店『古典探求』（二〇二四年）等がある。

（2）大修館書店『古典探求・漢文編　教師用指導書』（二〇二三年）に、留意すべき句法として「遣AB（使役）」とあり、横山文一・坂井福作「意欲的、主体的に取り組ませる（古文・漢文）の学習指導」（新潟県立教育センター『研究報告』一四三号、一九九三年）に、「不復出焉」と「復不出」との違いを考えさせる、とある。

（3）「桃花源記」を洞天説話と見る最初の指摘は、三浦國雄『中国人のトポス』（平凡社選書、一九八八年）である。その七十六頁に、「陶淵明は謝霊運とほぼ同時代人であって、かの桃花源も洞天観念のコンテキストの中でとらえられるのではあるまいか」とある。この後、内山知也・石川忠久・堀江忠道「シンポジウム『桃花源記』について」（『新しい漢文教育』第十号、一九九〇年）、内山知也「『桃花源記』の構造と洞天思想」（『大東文化大學漢學會誌』第三十号、一九九一年）の二篇が詳しく論証しており、最後に、門脇廣文「陶淵明〈桃花源記〉小考—従来の理解とその問題点について—」（『大東文化大學漢學會誌』第三十八号、一九九九年）が、「まず第一に、桃花源記は当時の『洞窟探訪説話』をもとにして作られたと考えている」と述べている。

（4）石川忠久氏の指摘は、注（3）所引、「シンポジウム『桃花源記』について」に見える。

（5）内山知也氏の指摘は、注（3）所引、「『桃花源記』の構造と洞天思想」に見える。

（6）注（3）所引内山知也「『桃花源記』の構造と洞天思想」四十二頁。

（7）「桃花源詩」は次のとおり。

嬴氏亂天紀、賢者避其世。黄綺之商山、伊人亦云逝。往跡寖復湮、來逕遂蕪廢。相命肆農耕、日入從所甜。

桑竹垂餘蔭、菽稷隨時藝。春蠶收長絲、秋熟靡王税。荒路曖交通、雞犬互鳴吠。俎豆猶古法、衣裳無新製。

童孺縱行歌、斑白歡遊詣。草榮識節和、木衰知風厲。雖無紀曆誌、四時自成歲。怡然有餘樂、于何勞智慧。

奇蹤隱五百、一朝敞神界。淳薄既異源、旋復還幽蔽。借問游方士、焉測塵囂外。願言躡輕風、高擧尋吾契。

嬴氏（始皇帝）天紀を乱し、賢者 其の世を避く。黄綺 商山に之《ゆ》き、伊《こ》の人も亦た云《ここ》に逝く。往跡 寖《や》みて復た湮《うも》れ、来径 遂に蕪廃せり。相ひ命じて農耕を 肆《ほしいまま》にし、日入りて憩ふ所に従ふ。桑竹 余蔭を垂れ、菽稷《まめあわ》 時に随ひて藝《ま》く。春蚕には長糸を収め、秋熟には王税靡し。荒路 曖として交はり通じ、鶏犬 互いに鳴吠《めいはい》す。俎豆《そとう》（祭祀の器）猶ほ古法のごとく、衣裳に新製無し。童孺《こども》 縦《ほしいまま》 に行歌し、斑白《ろうじん》 歓び遊詣す。草栄《はる》には節の和するを識り、木《あき》衰には風の厲《はげ》しきを知る。紀暦の誌無しと雖も、四時 自ら歳を成す。怡然として余楽有り、何に于てか智慧を労せん。奇蹤 隠れて五百（年）、一朝 神界敞《あらは》る。淳《こい》と薄《うすい》とは既に源を異にし、旋《たちま》ち復た幽蔽《くらやみ》に還る。借問す 游方の士（世間の人）、焉んぞ塵囂《じんごう》（俗世）の外を測らん。願はくは言《ここ》に軽風を躡《ふ》み、高挙して吾が契《なかま》を尋ねん。

（8）「記」には、「尋病終」とあるが、『世説新語』劉孝標注所引、鄧粲『晋紀』には、「以寿卒（寿を以て卒す）」とあり、齟齬が認められる。

（9）従来の議論は、「仙境」と見るものと、「絶境」と見るものに大別される。後者については、かつての「武陵」（湖南省常徳市桃源県）、江西省九江市星子県廬山漢陽峰山麓の「康王谷」（『廬山志』の説）等がある。

（10）王維「桃源行」、韓愈「桃源図」、劉禹錫「桃源行」。

（11）芳賀徹『与謝蕪村の小さな世界』（中央公論社、一九七六年）。

（12）小説の舞台となった「佐田村」は、大分県佐田村（現在の宇佐市）である。

（13）柴舟「帰省」（『東京経済雑誌』第五二九号、明治二十三年七月十二日）。

（14）この点については、拙論「日本における『帰去来兮辞』の受容―明治二十年代を中心に」（早稲田大学中国文学会『中国文学研究』第四十二期、二〇一六年）を参照されたい。

# 第九章

## 日本語の語彙形成に着目した「古典探究」のあり方
### ——中国思想教材の分析と活用を通して——

李　軍

### 一、はじめに

平成二九・三〇年改訂学習指導要領を契機に、各教科で探究学習が求められるようになった。高等学校国語科の新設科目「古典探究」は、(1)国語の知識や技能の習得とともに言語文化に対する理解の深化、(2)論理的思考力の育成、(3)古典に親しみ言葉を通して他者や社会に関わろうとする態度の育成を目指す探究科目として、二〇二二年度より本格的に導入された。「古典探究」は、「小学校、中学校及び共通必履修科目『言語文化』の指導との一貫性を図り、伝統的な言語文化に関する課題を設定して探究したり、我が国の文化の特質や我が国の文化と中国など外国の文化との関係について考察したりして、古典への興味や関心を広げることを重視」(1)する科目として位置づけられている。

「古典探究」の特色を汲み、その教科目標を達成するべく、各社の教科書では、従来の古典Bの内容を踏襲しつつも、容易に答えの出ない「問い」に向けて課題解決のプロセスを意識化させるような言語活動を盛り込んでいる。しかし、これらの言語活動は、往々にして古典そのものを掘り下げて縦に探究するか、あるいは古典の目を通して現代の事柄を見つめ横に探究するかという構図になりがちで、縦にも横にもつながりを持つ伝統的な言語文化への理解を促す点においては課題がある。

本章では、共通必履修科目「言語文化」と選択科目「古典探究」における中国思想の教材（以下、思想教材）に焦点を当て、「古典探究」に関連する言語活動の特徴を考察したうえで、思想教材に内包されている伝統的な言語文化、とりわけ日本語の語彙形成に関する要素を抽出し、小中高校における指導の一貫性を念頭に置き、分析した内容を生かした「古典探究」の授業構想を提案する。

## 二、思想教材の言語活動の特徴と課題

まず、「古典探究」の教科書における「思想」単元では、どのような言語活動が設定されているかを確認しておこう。

各社の教科書における「思想」単元の言語活動を概観すると、およそ三つのパターンに大別することができる。なお、便宜上、各言語活動に通し番号を付す。

Ａ 思想教材における言葉の意味や時代背景などを調べ、関連資料とともに深く読み取ることで古典作品の背景や作者の意図を理解する。例えば、

①『論語』を出典とする「過ちて改めざる、是れを過ちと謂ふ」「義を見て為さざるは勇無きなり」「後生畏るべし」について、それぞれの意味と使われる場面を調べて発表する。（『古典探究漢文編』第一学習社）

②「小国寡民」から「桃花源記」に引用されている部分を探すとともに、それぞれの文章が描く理想の社会について、共通点と相違点を考える。（『古典探究漢文編』大修館書店）

B 思想教材における古人の見方や考え方を今日の諸問題や事柄に関連づけ、古人の目を通して現代の出来事や自分を見つめる。例えば、

③孟子と荀子の「性」についての捉え方の違いを理解し、現代に生きる自分なりの「性」の捉え方を論文にまとめる。（『古典探究漢文編』東京書籍）

④身の回りから儒家と道家の考えにつながる例を探し、発表する。（『古典探究漢文編』三省堂）

C 思想教材における古人の見方や考え方について自分の立場を決め、それぞれの利点と欠点について議論する。例えば、

⑤思想家（道家・儒家など）の立場に立って、他の立場の思想家からの批評に反論する。（『古典探究漢文編』明治書院）

⑥孟子の「性善説」と荀子の「性悪説」を踏まえたうえで、「性善説」支持と「性悪説」支持のグループに分かれて、ディベートをする。（『古典探究漢文編』桐原書店）

これらの言語活動には、冒頭の教科目標の⑴知識や技能の習得、⑵論理的思考力の育成、⑶他者や社会に関わろうとする態度の育成に寄与する要素を多く含んでおり、一定の学習効果が期待できよう。しかし、課題もある。活動①は言葉の由来や意味、使われる場面について調べる、②は複数の教材の共通点と相違点について考えるという内容で、どちらも中国の古典を中国の古典として学び、日本の言語文化との関連づけが希薄である。一方、③④は思想教材における古人の見方や考え方を今日の出来事に関連づけて議論するという内容で、古典の言葉より現代の事柄のほうに意識が集中している。⑤⑥においても、各思想の内容について批評したり反論したりして、

思想に対する個々の意見が前面に出ているが、古典の言葉と現代の言葉とのつながりや日本の言語文化との結びつきについての考察は盛り込まれていない。

言語文化の特質は、他言語と衝突する時に初めて顕著に現れてくる。日本語の特質も、日本の在来語（和語）と古代中国語（中古漢語）とが接触するなかで形づくられ、両者の融合過程（漢文訓読）に日本の伝統的な言語文化とその特質を理解するうえで重要な要素が多く鏤められている。①〜⑥のように、漢文理解に重点を置いたり、現代の出来事にフォーカスしたりするような言語活動では、両者の融合過程への理解が曖昧なままで終わってしまう恐れがある。また、探究学習に欠かせない問題意識の維持や修正、課題解決の手立ての保障、深い学びの実現という点においても、小中高校の言語文化に関する指導の一貫性を図るという点においても課題が残る。

この分析について、次のような反論があるかもしれない。すなわち、これらの言語活動を成立させるために、その前段階である漢文訓読の学習ではすでに言語文化について理解させている、と。それならば、漢文訓読のどの部分に注目し、どのように言語文化につなげて理解を促したかを俎上に載せて具体的に検討する必要がある。

漢文訓読に関する指導は、共通必履修科目「言語文化」の漢文入門単元で行われるのが一般的である。例えば、『精選言語文化』（東京書籍）の「漢文入門」単元は、訓読の基本（句読点・送り仮名・返り点）、格言、置き字、再読文字、書き下し文のきまり、漢字の読みと意味（漢和辞典の活用）、故事成語三編、助字といった内容構成で、漢文法指導を中心としている。また、『言語文化』（大修館書店）の「漢文に親しむ」単元においても、訓読の意味やきまり（返り点の種類と用法、再読文字の種類と用法、主な助字の種類と用法）、漢語の基本構造といった構成で、同じく文法中心の内容となっている。しかし、漢文訓読の過程で創意工夫されたのは文法だけではない。漢文の言葉（漢字・漢語）をどう解釈し、どのように翻訳するかが常に模索されていたはずである。その翻訳作業は、漢文の内容理解にとどまらず、日本語の語彙形成にも大きく寄与し、伝統的な言語文化の源流となったのである。

## 三、漢文訓読と日本語の語彙形成

日本語は、概ね四種の語群より成る。それぞれ和語（やまとことば）、字音語（漢語と和製漢語）、外来語（漢語を除く外来語と和製洋語）、混種語（以上の三種のうち、二つ以上が混じっている語）である。この四種のうち、和語と字音語が全体の八五パーセントくらいを占めており、[2]その形成・発展・語彙拡充の歴史は漢文の受容なしでは語れないものである。

言語構造や性質が異なる中国語（漢文の原文）を、中国語では読まずに直接日本語として読む（訓読する）ためには、個々の漢字の読み方を決めておかなくてはならない。漢字の意味に対応する和語がある場合は、その和語で漢字を訳し、その訳語が漢字の訓読みとなり定着していく。例えば、「海／うみ」「鳥／とり」。一方、漢字の意味や概念にあたる和語がない場合は、漢字を中国語音に似せた発音で音読し、それが漢字の音読みとなる。例えば、「陸／リク」「菊／キク」「漢字／カンジ」。中国、日本、朝鮮半島、ベトナムを含むいわゆる漢字文化圏のなかで、漢字に音読みと訓読みを持たせたのは日本だけである。日本以外の国では音読みのみで、訓読みはない。[3]

日本語の漢字には、「陸」「菊」「漢」のように字音しか持たず、いわゆる字音専用字が多い。一方で、「海…カイ／うみ」「鳥…チョウ／とり」のように、音読みと訓読みの両方を有する漢字も少なくない。それは、漢文を日本語として読む時の分かりやすさや口調の良さを考慮し、漢字の音訓を適宜に併用しながら訓読する必要があることに起因する。例えば、「子曰、君子不器。」（『論語』為政）における「器」は訓読みの「うつわ」で読み、「兵者、不祥之器。非君子之器。」（『老子』第三一章）における「器」は音読みの「キ」で読むのが一般的である。前者を「キ」、後者を「うつわ」で読んでも理論的には構わないが、古くから読まれてきた漢文には、自然に一つの傾向が定まって、右のような読み方が固定している。「器」は音訓のどちらでも読むことが可能であるが、「君子」「祥」は中国の思想を背景に持つ抽象的な語で、あてる和語がないため、字音で読むことになる。「君子」「祥」は字音語である。字音語の多くは二字熟語である。二字熟語には、「国立」「読書」「高山」「流水」「再会」「非常」「不朽」「禍福」のように、文や句として使われているうちに短縮され、自然に熟語となったものもあれば、「学習」「勤務」「簡易」のように、片方の漢字だけでも事足りるのに、もう一つの類義語を添えたものもある。前者は何らかの文法構造によって漢字の二字が結ばれており、その結合理由が分かりやすいが、後者はその熟語の結合理由が理解し難い。西田太一郎（二〇〇二）は、類義語からなる熟語の形成理由が漢字の多義性と字義の伸縮性にあると述べ、次のように解説している。

いま仮に「労」という字を例にとると、「つとむ・ねぎらう・つかる・くるしむ・うれふ・はたらく・てがら」などの意味があり、「労」一字だけではどの意味かわからぬことがある。それを勤労・慰労・疲労・苦労・憂労・労働・功労といえば、それぞれの意味が明確になる。このように共通した意味を媒介にして二字あるいは稀に二字以上の字を結合して熟語をつくる。(4)

つまり、共通した意味を仲立ちにして二字を結合させることで、漢字の意味を明確にし、その字義を固定するのが、これらの二字熟語の形成理由であるという。確かに「易」だけでは、「やさしい・てがる・かえる・かわる」のどの意味か、判別が難しい。「容易・簡易・改易・変易」といえば、迷うことがなくなる。

しかし、形成理由はそれだけではない。中国語の単語はすべて一字一音節で、しかも同音語が多い。「易」の同音語には、「一・益・溢・逸・役・疫・意・億・異・毅…」などがあり、一文字だけでは、どの語なのか判別しにくい。そこで、類義語をつけて二音節にすることで言葉として安定させ、語の意味を明確にすることができる。また、「苦労」「疲労」「労働」「変易」のように、二字熟語はそれぞれの漢字が持つ具体的な意味が抽象的に変わり、物事の概括的包摂的な意味を表すようになるものも多い。先述の「君子不器」「不祥之器」の「器」も二字熟語「器具」「器物」になると、具体的な「うつわ」から、さまざまな「うつわ」を包括する上位概念を表す語になる。

具体的な意味を表す語が抽象的概括的な意味を表す語になる用例は、思想教材に多く見られる。次節では、その具体例を通して、漢文訓読における和語と字音語（二字熟語）、和語と漢字の融合について考察する。

## 四、漢文訓読における和語と字音語、和語と漢字の融合

本節では、共通必履修科目「言語文化」と選択科目「古典探究」の教科書に収録されている思想教材を取り上げて分析する。便宜上、各教材に通し番号を付す。また、必要に応じて補足した資料を「補充教材」として示す。なお、すでに定まった訓読の仕方や書き下し文から影響を受けないように、漢文の原文のみを提示することにする。

【教材1】（『言語文化』東京書籍）

子曰、学而時習之、不亦説乎。有朋自遠方来、不亦楽乎。人不知而不慍、不亦君子乎。（『論語』学而）

【教材2】（『古典探究』東京書籍）

子曰、性相近也。習相遠也。（『論語』陽貨）

「漢文を学ぶ」と「漢文を学習する」は、意味としてはほぼ同じである。しかし、「学習」の出典である教材1を見て分かるように、「学」が先で、「習」はその後にあり、本来「学」と「習」の意味が異なる。「学」は「学問や知識を教わる」という受動的な要素を含み、「習」は教わったことを繰り返し復習したり練習したりして能動的な学びを意味する。つまり、「学而時習之、不亦説乎。」は、「外からの知識や学問が自らの努力（復習や練習）によって内なる知識や学問になった時の喜び」を表している。井波律子（二〇一六）の解説によれば、「学」のうちには

『詩経』や『書経』など古典のほか、儀式や日常生活における礼法も含まれているという。[5] 古典の学びはともかく、儒家思想の重要な徳目である「礼」の学びには、実践的な「習」が欠かせないプロセスであることは容易に想像できる。

教材2における「習」は、教材1の「習」と同じく「ならい」と訓読されるが、「後天的な習慣、長い間積み重ねてきたやり方」を意味し、[6] 教材1の「習」の意味と異なる。和語「ならう／ならい」だけでは、「習」の二つの意味を区別できないので、二字熟語の力を借りる必要がある。

『新漢語林第二版』（大修館出版、二〇一一）によれば、「習」は「❶ならう。㋐雛鳥が翼を動かして飛び方をならう。㋑くり返し練習する。㋒学ぶ、まねる。「学習」㋓なれる。てなれる。熟練する。また、なれ親しむ。「習熟」❷ならい、ならわし。「習慣」「風習」❸かさなる。重ねる。積む。」の意がある。「習」は、「雛鳥が親鳥の真似をして何度も翼を動かして飛ぶ練習をする」意味から「何度も練習する、練習を積み重ねて身につける、身についたことで慣れ親しむ、長い間積み重ねて慣れたやり方」といった派生的な意味が生まれ、多義性を持つようになったと考えられる。二字熟語「学習・実習・習得・習熟・習慣・風習」は、「習」の意味を明確にし、熟語の意味を固定する役割を果たしているといえる。

このように、中国の古典における「学」と「習」は意味が異なり、その熟語「学習」は両方の意味を内包している。では、日本で使われている「学習」は、なぜ「学」のほうに意味が傾き、「習」の影が薄くなったのだろうか。

中国語の「学習」は「まなびならう→まなぶ」と短縮して訳されたことで、「習」の意味が抜け落ちてしまったと考えられるが、ほかにも理由がありそうだ。中国から伝来した二字熟語は、日本で使われているうちに、片方の漢字の意味が欠落してしまうものが少なくない。例えば、「微妙」は本来「趣深く、何とも言えぬ美しさや味わいがある」ことを意味し、「妙」の意味がメインであったが、いまは「妙」の意味が消えて「微（一言では言い表せないほど細かく、複雑なさま）」の意味だけが残っている。孟浩然「春暁」の結句「花落知多少」の「多少」も元々「多いことと少ないこと、多いか少ないか」、引いては「どれほどか」という意味だったが、いまは「多」が添え字として実質的な意味が消え、「少し」の意味になっている。「遠慮」も「深謀遠慮」にあるように、「遠い将来のことまでよく考える」ことが原義だったが、いまは「遠」の意味が消えて、「行動や態度を控えめにする」という意味に変わっている。

同じような現象は、「勉強」という言葉からも見受けられる。「勉」も「強」も「むりやり、むりじい、しいる」ことを表し、「勉強」も「むりやり、むりじい、しいる」ことが原義であった。森鷗外が晩年の随筆『妄想』のなかに、「生れてから今日まで、自分は何をしてゐるか。（中略）勉強する子供から、勉強する学校生徒、勉強する官吏、勉強する留学生といふのが、皆その役である。」と述懐しているが、ここにある「勉強」は「まなぶ」ではなく、「むりじい、むりをする」意味である。いまも、値段を交渉する時に「少し勉強してくれませんか」ということがあるが、「勉強」の原義の名残である。今日使われている「勉強」は、「強（しいる）」の意味が消え、「勉（無理して学問に励む→努力する→学ぶ）」意味に変わったが、この使い方は日本独自の用法で、一種の和製漢語である。「勉強してから遊ぶ」はいえるのに、「学習してから遊ぶ」はいえないのはなぜなのか。日常会話における「学習」と「勉強」のニュアンスの差も興味深い探究テーマになりそうである。

ここまで、字音語（二字熟語）と和語の関係について見てきた。次に、漢字一字と和語の融合について考察する。言語構造も性質も異なる中国語と日本語は意味がずれることが多い。例えば、教材1にある「朋」。中国語では、「友人」のことを「朋（師を同じくする友人）」と「友（志を同じくする友人）」とで区別しているが、和語では、区別せずどちらも「とも」と呼ぶ。このように、広い意味を持つ和語（「とも」）に当てられた複数の漢字（「朋・友」）を「同訓異字」（または「異字同訓」）という。

第三節では、多義性を持つ漢字の意味を明確にするために、もう一つの類義語を添えて二字熟語をつくることについて述べた。同訓異字においても、「とる…取る・採る・撮る・摂る・捕る・執る・獲る」「つく…付く・就く・着く・衝く・突く・撞く」のように、広い意味を持つ和語に漢字を添えることで、和語の意味を限定し、明確にしている。同訓異字は、和語の意味を明確にするだけでなく、日本語の意味を細分化し、語彙拡充を可能にしていった。次の思想教材の「見・観・視」を通して、同訓異字による意味細分化と語彙拡充について見てみよう。

【教材3】（『古典探究』東京書籍）

孟子曰、「人皆有不忍人之心。先王有不忍人之心、斯有不忍人之政矣。以不忍人之心、行不忍人之政、治天下可運之掌上。

所以謂人皆有不忍人之心者、今人乍見孺子将入於井、皆有怵惕惻隠之心。非所以内交於孺子之父母也。非所以要誉於郷党朋友也。非悪其声而然也。

由是観之、無惻隠之心、非人也。無羞悪之心、非人也。無辞譲之心、非人也。無是非之心、非人也。

（『孟子』公孫丑上）

【教材4】（補充教材）

子曰、視其所以、観其所由、察其所安、人焉廋哉。

（『論語』為政）

教材3は孟子の性善説を説く有名な章段である。孟子は、「孺子」の例を用いて、人間なら誰もが「四端」（惻隠・羞悪・辞譲・是非）の心を持ち、人の突然の不幸を見過ごすことができないと説いている。原文にある「乍見」は、「不意に…が目に入る」「ふと…が目につく」意味で、第三段落の冒頭にある「観」は、「よく見て考えること、観察すること、考察すること」を表す。訓読では、どちらも「みる」と読むが、「見」は見ようとしなくても目に飛び込んでくる意で、英語の see にあたり、「観」は意識して見る意味で、英語の look に相当する。「みる」の同訓異字は「見・観」のほかに、教材4の「視」もその一つである。では、「視」と「観」はどう違うのか。ここでは、二字熟語を通して両者の意味的相違について見てみよう。

◇「視」を含む二字熟語

注視・直視・監視・視察・視聴・視線・視点（「視」の意味＝一点に集中して、しっかりと意識を向けて見る。）

◇「観」を含む二字熟語

㈠　観光・観賞・観覧・観戦・壮観（「観」の意味＝意識しながら広くながめる、見渡す。）

㈡　観察・観測・主観・観点・人生観（「観」の意味＝意識しながら見てきたことを考察する。）

このように、「視」と「観」はどちらも「意識しながら見る」という意味を持っているが、一点に集中して見るか、広く見渡すかという違いがあり、その相違は「視察／観察」「視点／観点」からも見て取れる。では、教材4にある「視」と「観」を日本語に訳す時に、その差異はどこまで訳出できるのか。次の現代語訳で確認してみよう。

◇吉川幸次郎訳

先生の言葉。その人の行動を観察し、その行動の動機を観察し、その行動の目的とするところを考察すれば、その人間の真実はおおうところなくあらわれる。(7)（傍線は引用者、以下同じ。）

◇井波律子訳

先生は言われた。「その人の行動を観察し、その行動がどんな理由でなされたかを観察し、その行動の落ち着き先（行方）を推察すれば、その人はどうして（自分の真の姿を）隠せようか、どうして隠せようか。(8)」

◇加地伸行訳

老先生の教え。その人物の日常生活の現在をしっかりと視《み》る。その人物が経てきた過去を観《なが》めみる。その人物が落ちつこうとしている未来の着地点を察する。そうすれば、その人物は自分を隠すことはできぬ。本当

の姿が分かるわな。(9)（ルビは原文のまま、引用者注）

傍線部で示したように、吉川訳と井波訳では、どちらも「視」と「観」を「観察」と訳し、両者の差異を区別していない。一方、加地訳では、漢字と和語の組み合わせ（「視《み》る」「観《なが》めみる」）によって「視」と「観」の意味を区別し、漢字の意味を最大限に引き出そうとしている。前述のように、「視」と「観」は具体的な動作だけでなく、「意識しながら考察する」という意味合いも含んでいるので、「観察」という訳語のほうがより原文の意味的文脈に近いかもしれない。しかし、訳語を見るだけでは、原文の「視」「観」の差異が消えてしまうというジレンマがある。

ここで注目したいのは、漢字と和語の組み合わせという手法である。漢字に和語を当てる手法は漢文訓読から生まれたものである。漢字と和語を組み合わせることで、漢字の意味を訳すだけでなく、「見る・観る・視る」のように和語の意味を明確にし、語彙を細分化することができる。また、「見地」「観点」「視点」といった抽象的概念的意味を表す二字熟語が日本語として定着していったことも、日本語の語彙形成や拡充に大きく寄与したといえる。

## 五、日本語の語彙形成に着目した「古典探究」の授業構想

漢字の音訓、同訓異字、字音語（二字熟語）の類型や構成についての指導内容は、小学校高学年から中学校までの国語科の授業で行われ、日本語の語彙に関する基礎知識は高校に入るまでに一通り学んだことになる。しかし、第二節で述べた通り、漢文学習の入門編では漢文訓読のきまりや文法を中心に指導しているため、小中学校で学んだ日本語の語彙に関する知識を高校の漢文学習に結びつけることが難しく、知識が点在したままで漢文を学ぶ学習者も少なくない。この状態では、問題意識が生まれにくく探究学習を展開するどころか、漢文を学ぶ意義すら見出

すことも困難であろう。この課題を解決するために、本章で分析した内容を生かした授業づくりを以下に示す。なお、紙面の都合上、指導計画の詳細は割愛し、授業の流れのみ示すことにする。

■授業の流れ（二時間配分）

(1) 導入1（日本語語彙の種類や漢字熟語の類型に関する基礎知識を復習する。漢字文化圏のなかで、日本だけが音読みと訓読みを持っているのはなぜかについて考え、問題意識を持つ。）

(2) 導入2（日本語の語彙のうち、「まなぶ／学習」「はたらく／労働」「つかれる／疲労」のように、類似した意味を持つ和語と字音語（二字熟語）が併用されている理由について考える。）

(3) 展開1（教材1の内容を確認し、「まなぶ」と「学習」の違いについて考える。漢和辞典で「習」の字源と意味を調べ、「習」を含む二字熟語を通して「習」の意味を確認し、いま使われている「学習」はなぜ「習」の意味が消えたかについて話し合う。また、漢和辞典と国語辞典で「勉強」「多少」「遠慮」の原義と現在の意味を確認し、なぜ意味が変わったかについて話し合い、班の意見をまとめる。）

(4) 展開2（教材2の内容を確認し、「習」の意味とその訓読みとのズレを確認し、その理由について話し合う。）

(5) 展開3（教材1の「朋」と教材3の「朋友」を比較し、両者の意味的相違や同訓異字の生成理由、役割について考える。また、教材3と教材4における「みる」の同訓異字について、二字熟語を通してそれぞれの意味的相違を確認する。そして、教材4の現代語訳（吉川訳・井波訳・加地訳）を比較し、漢字と和語の融合や二字熟語の受容と定着が日本語の語彙形成と拡充にどのような影響を与えていたかについて話し合う。）

(6) まとめ（中国語と日本語の言語構造や性質の相違を踏まえ、字音語（二字熟語）・同訓異字の源は漢文訓読であることを確認し、漢文訓読と日本語の語彙形成や発展との関係について理解を深める。漢文から脈々と受け継がれてきた言語文化は身近な言葉のなかに生きており、身近な言葉からも伝統的な言語文化や国語の特質を理解することが可能であることに触れ、漢文の言葉を身近な言葉につなげて言語文化を探究するように促す。）

この授業構想は「古典探究」漢文編の導入としても発展学習としても活用することが可能である。また、本章で取り上げた思想教材はどれも教科書の定番教材としてよく知られているもので、取り扱いやすいと思われる。ただし、右に示した授業構想は一つの例示にすぎず、すべてその通りに行う必要はない。この提案の一部を漢文学習に取り入れるだけでも、漢文の世界をぐっと身近な言語生活に近づけることができ、伝統的な言語文化が遠い存在でなくなるはずである。

## 六、おわりに

『論語』などの古典は、二千数百年前に古代中国語で書かれた知の結晶である。古代の文脈や世界観によって綴られた漢文と、いまの私たちの認識や感覚との間には深い断絶があり、未だ解明できていない部分も多く残っている。しかし、本章で述べてきたように、古代の言葉と私たちの言葉の間にあるのは断絶だけではない。日本語の古典として漢文を学ぶ時に、今日の日本語の原型や歩んできた道をそこに見つけることができるのである。

漢文にある個々の漢字を訓読みと音読みで訳す（訓読する）といった古人の試行錯誤や創意工夫により、和語と漢字の融合が進み、「学習➡学ぶ」「勉強➡学ぶ」のように漢字や漢語の意味が和語の介入によって変化したり、「みる➡見る・観る・視る」のように漢字の表意性によって和語の意味が細分化されたり、「視る・観る➡観察する」のように言葉の抽象化概念化が進むといった化学反応が起き、それらが日本語の土壌を豊かにしていった。その土壌で和と漢のエキスを汲んだ日本独自の言語文化が開花・結実し、いまの私たちの言語生活を支えている。

古典との断絶を埋めるためにも、言語文化の継承を図るためにも、「古典探究」の授業づくりでは、一続きの言語文化の源流を見据えつつも、身近な言葉をカギとしてその扉を開くことが大切である。今後も、問題の所在を明らかにしたうえで、教材研究を通して伝統的な言語文化に対する理解深化や古典探究に資する要素を抽出し、漢文学習の面白さと奥深さを体感できるような授業づくりを模索していきたいと考えている。

## 注

(1) 文部科学省『高等学校学習指導要領（平成三十年告示）解説』、二〇一八年、二四六頁
(2) 高島俊男『漢字と日本人』、文藝春秋、二〇〇一年、九十八頁
(3) 加藤徹『漢文の素養』、光文社、二〇〇六年、十八頁
(4) 西田太一郎『新訂　漢文法要説』、朋友書店、二〇〇二年、六十一頁
(5) 井波律子『完訳　論語』、岩波書店、二〇一六年、二頁
(6) 「習相遠也」の「習」は「学習」と解釈される説（注5に同じ。五一二頁）もある。
(7) 吉川幸次郎『論語（上）』、朝日新聞出版、一九九六年、五十六頁
(8) 注5に同じ。三十三頁
(9) 加地伸行『論語　増補版』、講談社、二〇〇九年、四十二頁

# 第十章

# 王昭君の話譚を教材にした「古典探究」の言語活動

## ――絵画資料を活用して――

佐竹　知佳

## 一、はじめに

高等学校学習指導要領（国語科）の改訂に伴い、令和五年度から現場で、古典における探究学習が行われるようになった。「古典探究」の科目では、古典を主体的に学び、小・中学校の国語や高等学校の「言語文化」の授業を通して培われた「伝統的な言語文化に関する理解」をさらに深め、「先人のものの見方、感じ方、考え方との関わりの中で伝え合う力を高め」、自らの思いや考えを豊かにすることが目指されている。

このような目標設定のもと、「古典探究」の教科書には、言語活動に当たる取り組みが新たに掲載されている。本章では、絵画資料を活用して行う王昭君の話譚を教材にした「古典探究」の言語活動の方法を提案する。そのうえで、「古典探究」における古文・漢文の融合的な学習のあり方、古典科目と他科目（美術）との連携のあり方について考えてみたい。

## 二、「王昭君」の話譚を扱う教材の新旧比較

中国の四大美女の一人に数えられる王昭君の話は、人々の心を魅了し、王昭君の話譚を取り上げた文章は、中国のみならず、日本においても数多く存在する。これまで高等学校の古典の教科書の中で、「王昭君」について取り上げた文章はどれくらい採録され、どのような出典の文章が掲載されているのか。本節では、旧学習指導要領のもとで刊行された高等学校「古典B」（平成二十九年検定済）と、新学習指導要領のもとで刊行された「古典探究」（令和四年検定済）における王昭君の話譚の採録状況を整理し、確認してみたい。

まず、「古典B」（平成二十九年検定済）の教科書（九社）の中で、王昭君の話譚を教材として採録している教科書は、以下の通りである。

資料Ⅰ「古典B」（平成二十九年検定済）における王昭君の話譚の採録状況

1　三省堂『高等学校 古典B 漢文編 改訂版』（古B三三四）→出典：『西京雑記』「王昭君」
2　教育出版『精選古典B 漢文編』（古B三三七）→出典：『西京雑記』「王昭君」
3　教育出版『古典B』（古B三三八）→出典：『西京雑記』「王昭君」
4　明治書院『新 高等学校 古典B』（古B三四七）→出典：『西京雑記』「王昭君」

資料Ⅰに示したように、三社・四種類の「古典B」の教科書の中で、『西京雑記』の「王昭君」が採録されている。

次に、「古典探究」（令和四年検定済）の教科書（九社）の中で、王昭君の話譚を教材として採録している教科書は、以下の通りである。

資料Ⅱ「古典探究」（令和四年検定済）における王昭君の話譚の採録状況

1　数研出版『古典探究 古文編』（古探七〇九）

2　数研出版『高等学校 古典探究』（古探七一一）

→1・2の出典：『唐物語』「王昭君」※探究の扉―比べ読み―『西京雑記』「王昭君」

3　筑摩書房『古典探究 漢文編』（古探七一六）→出典『西京雑記』「王昭君」

※【参考】教材『李太白全集』に所収の李白の漢詩「王昭君」・『和漢朗詠集』に所収の大江朝綱の漢詩「王昭君」・『後拾遺和歌集』に所収の赤染衛門の和歌「王昭君をよめる」

資料Ⅱに示したように、二社・三種類の「古典探究」の教科書において、「王昭君」の話が採録されている。資料Ⅰ・Ⅱの一覧を比較すると、「古典B」の中では、『西京雑記』「王昭君」を採録していた出版社三社（三省堂・教育出版・明治書院）はみな、「古典探究」の教科書で、それらを採録していない。一方、二社（数研出版・筑摩書房）の「古典探究」の教科書では、「王昭君」を題材にした教材を新たに採録している。

また、資料Ⅰに示した三社・四種類の王昭君の話譚を扱った「古典B」の教科書は、『西京雑記』「王昭君」の本文のみを載せており、他作品における王昭君に関する文章を掲載しているものはない。

資料Ⅱを用い、「王昭君」の教材を新たに採録した「古典探究」（二社・三種類）の教科書を比較すると、数研出版の教科書では、古文編の中に『唐物語』「王昭君」を採録したうえで、その比べ読み教材として、『西京雑記』「王昭君」を掲載している。一方で、筑摩書房の教科書では、漢文編の中に『西京雑記』「王昭君」を採録したうえで、比べ読み教材として、「王昭君」を題材にした李白の漢詩、大江朝綱の日本漢文（漢詩）、赤染衛門の和歌を掲載している。

このように、二社の「古典探究」の教科書に採録された王昭君の話譚は、どの教材をメイン教材に据え、先に学習したうえで探究学習を行うか、という点で違いは見られるが、両者とも、古典としての古文と漢文との教材的な連携を目指していることが分かる。「古典探究」の教科書では、王昭君にまつわる異なる表現形式の文章の比べ読みを積極的に取り入れることで、古文・漢文の融合的な学びを深めようとしていると考えられる。

## 三、教科書に掲載された王昭君の中国書画と漢文教材の比べ読み

二社・三種類の「王昭君」の教材を採録する「古典探究」の教科書のうち、筑摩書房『古典探究 漢文編』(古探七一六)には、絵を鑑賞する言語活動例が示されている。王昭君を画題にした中国書画と日本絵画を分析し、各作品に描かれた場面や王昭君像について話し合う言語活動である。本節では、この言語活動を参考にし、教科書に掲載された漢文教材と挿絵の「中国書画」を活用し、「王昭君」教材の探究学習とその学習効果について考える。筑摩書房『古典探究 漢文編』(古探七一六)には、中国書画として、宮素然の「明妃出塞図」(大阪市立美術館蔵)が掲載されている。これから「古典探究」の授業を想定し、生徒たちが宮素然「明妃出塞図」を読み解くための道筋を丁寧に示していきたい。

最初に、『西京雑記』の文章を手掛かりとして、「明妃出塞図」という絵画のタイトルは何を表しているのか、考えさせる活動を行う。「明妃」は「王昭君」の別称であるが、(1)その知識がない段階でも、絵のタイトルにまず目を向けさせ、「明妃」という語句の「妃」、「出塞」という語句に注目すると、この絵は「妃」に当たる人物が「塞を出る」すなわち国境の要塞《とりで》から国外に出る場面を描いていると読み取れる。絵のタイトルから得られるこの情報を元に、生徒たちは教科書に掲載の『西京雑記』の本文と脚注を再読することで、「明妃出塞図」とは「前漢の元帝の妃であった王昭君が漢宮を離れ、匈奴の国王の妃となるために辺境の匈奴に出立する」場面を描いた絵画だと判

断できよう。

このように、『西京雑記』に書かれた内容と結びつけ、絵画のタイトルから、宮素然「明妃出塞図」に描かれた場面を当てさせた後に、今度は描かれた王昭君像という問題に焦点を当てる。改めてこの絵画を鑑賞し、「明妃出塞図」には二人の人物が見えるが、どちらが王昭君を指すのか、この絵画には王昭君の仕草や表情、心情がどのように表現されているのか、という問題を考えさせたい。

ところで、『西京雑記』には、王昭君の心情は具体的に描かれていない。『西京雑記』の本文を手掛かりにする場合、ただ一人だけ画工に賄賂を贈らぬ「独王嬙不肯」（独り王嬙のみ肯んぜず）という態度、匈奴の国王の妻に選ばれた後の「善応対、挙止閑雅」（善く応対し、挙止閑雅なり）という所作に注目し、王昭君の心情を自由に想像するしかない。『西京雑記』は、王昭君が匈奴の王に嫁ぐことになった経緯と、その結末を時系列に沿って記録することに重きを置いている。[2] そこで、宮素然「明妃出塞図」に描かれた王昭君像をより深く読み解くために、『西京雑記』以外の文章を再読させたい。

本節では、王昭君の絵画の分析の実践例を挙げる。筑摩書房『古典探究 漢文編』（古探七一六）に、【参考】として掲載された王昭君を詠んだ李白の漢詩・大江朝綱の日本漢詩の本文と注を再読し、[3] 絵を読み解く活動例を示す。

李白の「王昭君」（『李太白全集』に所収）は、次の五言絶句である。

昭君払玉鞍　上馬啼紅頬　今日漢宮人　明朝胡地妾

大江朝綱の「王昭君」（『和漢朗詠集』に所収）は、次の七言律詩である。

翠黛紅顔錦繡粧　泣尋沙塞出家郷　辺風吹断秋心緒　隴水流添夜涙行
胡角一声霜後夢　漢宮万里月前腸　昭君若贈黄金賂　定是終身奉帝王

李白の漢詩の起・承句の「昭君払玉鞍　上馬啼紅頬」（昭君玉鞍を払ひ　馬に上りて紅頬に啼く）は、胡地に出発するために、馬にまたがる王昭君の頬に、涙が流れている様子を詠う。承句にある「上馬」という動作は、宮素然「明妃出塞図」に描かれた馬に乗った王昭君の姿と一致する。起句にある「玉鞍」は、教科書の脚注によると、「鞍の美称」(4)を指し、宮素然「明妃出塞図」に見える王昭君が乗った馬の鞍に、華美な模様が施されている描写と対応する。

大江朝綱の漢詩の首聯上句の「翠黛紅顔錦繡粧」(翠黛紅顔錦繡の粧ひ)は、王昭君の美しい顔と衣装について詠う。「錦繡」は、教科書の脚注によると「にしきと刺繡した織物で、美しい着物」(5)を指す。この漢詩に詠まれた衣装描写を手掛かりに、改めて宮素然「明妃出塞図」を鑑賞すると、馬にまたがる二人の人物のうち、繊細な模様や装飾が施された衣装をまとった前方に描かれた人物が、王昭君であると判断できる。一方、王昭君の後方に描かれた人物の衣装は、王昭君と比べて華美ではなく、簡素なものに見える。そのため、王昭君の後ろで馬にまたがり、袋に入った琵琶を抱えているのは、彼女の侍女であると考えられる(6)。このように、王昭君を詠んだ二つの漢詩の本文と照らし合わせ、宮素然「明妃出塞図」を鑑賞すると、「馬の鞍」や「衣装」の華麗さに改めて気づかされ、人物の特定が可能となる。

引き続き、王昭君を詠んだ李白と大江朝綱の漢詩を手掛かりに、今度は「明妃出塞図」に表現された王昭君の仕草や表情、心情を読み解いてみたい。李白の漢詩の承句「上馬啼紅頬」(馬に上りて紅頬に啼く)は、馬に乗り、頬に涙を流す王昭君の悲痛な姿を詠う。転・結句の「今日漢宮人　明朝胡地妾」(今日漢宮の人　明朝胡地の妾)は、今日までは元帝の妃の一人として漢の後宮にいた王昭君が、明日には辺境の地(匈奴の勢力圏)の王の妻となる悲運を嘆く。

李白の漢詩の承句~結句に注目し、宮素然「明妃出塞図」を鑑賞すると、前のめりに歩を進める馬に乗った王昭君は、物寂しげな表情で、進行方向を一点に見つめているかのように映る。王昭君の表情と馬の足の動きによって、匈奴の国王の妻として、これから辺境の地での生活が始まるという運命に抗えず、突き進まざるを得ない王昭君のあり方が伝わってくる。匈奴に旅立つ王昭君は故郷を恋うものの、わが運命を必死に受け入れて前を向こうとしていたと、画家は考えており、そうした解釈がこの絵の中に表現されたのかもしれない。

宮素然「明妃出塞図」には、前を向く王昭君や徒歩で馬を先導する二人の人物と対照的に、一人だけ後ろを見やる王昭君の侍女が描かれている。侍女の仕草に目を留めると、彼女は頬の辺りに袖を当て、涙を拭っているかのように見える。李白の漢詩の承句にも詠われるように、匈奴に向かう道中で「啼く」王昭君の悲しみは、この絵の中では、涙を拭う侍女のあり方に反映されているのではないか。李白の漢詩の転・結句の「今日漢宮人　明朝胡地妾」（今日漢宮の人　明朝胡地の妾）に詠われた悲劇的な世界観は、匈奴への道行きの中、後ろ髪引かれるような面持ちで、漢宮から来た道を振り返る王昭君の侍女のあり方と重なり合う。宮素然「明妃出塞図」では、故郷を去りがたく思う王昭君の未練や悲痛な心情は、彼女に付き従う侍女の描写によって、代弁させていると読み解きたい。

次に、大江朝綱の漢詩「王昭君」を手掛かりに、宮素然「明妃出塞図」の王昭君の仕草や心情を再考する。絵に描かれた王昭君像と重なるのは、漢詩の首聯下句～頷聯の二句である。首聯下句の「泣尋沙塞出家郷」（泣く泣く沙塞を尋ねて家郷を出づ）は、故郷を離れて辺境に向かう道中で、涙を流す王昭君の姿を詠う。頷聯上句の「辺風吹断秋心緒」（辺風は吹き断つ秋の心緒）は、辺境の地に吹き続ける秋風が王昭君の悲痛な思いをかき立てることを詠う。頷聯下句の「隴水流添夜涙行」（隴水は流れ添ふ夜の涙行）は、隴山周辺の川を流れる水の音を聞き、王昭君の涙がさらに多く流れ落ちることを詠う。

匈奴への道行きにおける王昭君の「涙」は、先に触れた李白の漢詩の承句にも見えたが、大江朝綱の漢詩は、首聯下句・頷聯下句で「涙」がとめどなく流れるさまを重層的に詠い、王昭君の悲しみを際立たせている。加えて、頷聯の両句は、厳しい環境の匈奴に向かう道中の自然に呼応する王昭君の悲痛な心情が、ことさら強調して詠い上げられているところにも注目したい。

大江朝綱の漢詩に詠われた情景を踏まえて宮素然「明妃出塞図」を鑑賞すると、王昭君・侍女・馬を先導する従者・馬の各々の仕草の意味に、改めて気づかされる。頬の辺りに袖口を当てる侍女はやはり、流れゆく「涙」を拭っているように見える。王昭君の髪の一部が靡いているのは、辺境の地（匈奴の勢力圏）に近づくがゆえに、「辺風」が強く吹いている様子を表している。王昭君や馬を先導する従者が口元に袖口を当てているのは、強風が「沙塞」（砂漠にある砦）に吹いているため、砂が口に入るのを防いでいると読める。前のめりに描かれる馬の足さばきは、強風の中でむりやり北方の匈奴へと歩を進める状態を表していよう。朝綱の漢詩を踏まえて「明妃出塞図」を鑑賞することで、匈奴の厳しい環境が目に浮かび、漢宮を離れて匈奴に嫁いでゆく王昭君の物語の悲劇性が、より一層強く伝わってくる。

以上のように、王昭君にまつわる『西京雑記』の話と、李白・大江朝綱の漢詩の本文と注を再読し、宮素然「明妃出塞図」を読み解く活動に取り組ませる。この一連の活動によって、王昭君が匈奴に出立してゆく情景が眼前に蘇り、王昭君をはじめとする人物の心情に、思いを馳せることができる。教科書の挿絵を読み解くために、教科書に掲載された漢文の本文と注をたどり直す。「古典探究」の授業において、絵画の読解と本文の再読・精読に取り組ませることで、絵と古典の相互理解を深め、漢文学やその背後にある風土、中国書画への関心を高めることができると考える。

## 四、王昭君の日本絵画と古文・漢文の文章の比べ読み ― 教科書と補助教材の活用

前節では、筑摩書房『古典探究 漢文編』（古探七一六）に、「王昭君」の話譚として掲載された漢文の本文と注を

再読しながら、教科書の挿絵の中国書画を読み解いた。本節では、同じ教科書の「王昭君」教材の挿絵となっている日本絵画を活用し、古文・漢文の文章を読み比べる「王昭君」教材の探究学習のあり方について考える。

筑摩書房『古典探究 漢文編』（古探七一六）には、菱田春草が描いた「王昭君」（一九〇二年 東京国立近代美術館寄託／善寶寺蔵）が、『西京雑記』「王昭君」を載せた頁の挿絵として掲載されている。本節では、菱田春草「王昭君」を取り上げ、「古典探究」の授業で、生徒たちがこの日本絵画を読み解くための道筋を丁寧に示していきたい。

まず、『西京雑記』の原文と注を再読し、この絵を読み解いてみたい。教科書の挿絵の菱田春草「王昭君」には、十人ほどの女性の姿が描かれている。[7]『西京雑記』の原文の「元帝後宮既多」（元帝後宮既に多く）を踏まえると、絵に描かれているのは、後宮に住む元帝の妃や女官たちであると分かる。絵の右側で群がる女性たちから少し間隔を空け、絵の左側の先頭にいるのは、ヒロインの王昭君であると判断できる。この絵は、匈奴の国王の妻となるべく、漢の宮殿を去りゆく王昭君の別離の場面に焦点を当てているのである。

では、ここで、絵に描かれた女性たちの表情や仕草に、目を向けてみよう。絵の左側で先頭に描かれた王昭君は、視線をやや下に送り、歩を進めているかのようである。そのすぐ後方に立っている二人は、袖を顔に当てており、泣き悲しんでいるかのように見える。この二人は、これから匈奴の国王に嫁ぐ王昭君の悲運に、同情を寄せる侍女たちであろうか。涙を流して悲しみを露わにする王昭君の侍女とは対照的に、涙を流さず、漢宮を去りゆく王昭君。その姿は、『西京雑記』に見える匈奴への出立前に、元帝に召し出された際の王昭君の所作、「善応対、挙止閑雅」（善く応対し、挙止閑雅なり）と対応する。菱田春草「王昭君」に描かれた王昭君は、これから匈奴の国王の妻となるわが運命を粛々と受け止めているかのようである。この絵画には、涙を堪えて気丈に振る舞おうとする王昭君の、物静かで優雅なありようが美しく描かれている。

絵の右側の群がる宮女たちの表情にも注目したい。宮女の中には、王昭君の姿を見つめる者、王昭君の方を向くが、首を傾けてたたずむ者やうつむく者もいる。一方、王昭君から目を逸らし、顔を見合わせて皮肉な面持ちで噂話をするような者たちもいる。宮女たちはいかなる思いで王昭君を見送っているのか。『西京雑記』を精読し、行間を読みつつ、菱田春草「王昭君」を鑑賞することで、群がる宮女たちの仕草や表情に込められた心情を丁寧に読み取りたい。

まず、『西京雑記』の本文や話の展開をたどり、菱田春草「王昭君」を読み解くために、必要な情報をここに挙げておく。元帝の後宮には数多くの妃がいた。そこで、「画工図形、案図、召幸之」(画工をして形を図かしめ、図を案じて、召して之を幸す)とあるように、画工に妃たちの姿や容貌を描かせ、元帝はそれらの肖像画の中から選んだ妃を寵愛していた。「諸宮人皆賂画工」(諸宮人皆画工に賂ふ)とあるように、後宮の女性たちは画工に賄賂を贈り、元帝に寵愛されるために、自分の肖像画を美しく描いてもらおうとした。しかし、「独王嬙不肯」(独り王嬙のみ肯んぜず)とあるように、ただ王昭君だけは画工に賄賂を贈ることをよしとしなかった。その結果、王昭君は画工に故意に不美人に描かれ、元帝に召し出される機会を得なかった。あるとき匈奴の王が入朝し、漢宮の美女を妃に求めたので、元帝は妃たちの肖像画を取り出し、その中から最も醜く描かれた王昭君を匈奴に嫁がせることに決めた。

このように、『西京雑記』「王昭君」の展開を振り返ると、賄賂の有無が、元帝の後宮に住む宮女たちの明暗を分けていることに改めて気づかされる。それを押さえたうえで、菱田春草「王昭君」を鑑賞し、絵の右側に描かれた王昭君を見送る宮女たちのさまざまな心情を考えると、次のような心情が読み取れよう。後宮第一の美貌にもかかわらず、一人だけ画工に賄賂を贈らず、結果的に匈奴に嫁ぐことになった王昭君の運命を悲痛に感じたり、画工への賄賂によってわが身が守られたことにやましさを感じたり安堵したり、賄賂を贈る不正をせず、潔癖であり過ぎたために、後宮を去らねばならない王昭君のあり方を揶揄したり……。菱田春草「王昭君」には、後宮の妃たちの複雑な感情が細やかに描き分けられている。一方、『西京雑記』の本文には、故郷を去りゆく王昭君の心情と、彼女の別離の場面に立ち会う他の妃たちの仕草や心情は、何も描かれていない。だからこそ、『西京雑記』の本文を精読しつつ、菱田春草「王昭君」を鑑賞することは、漢文の文章の行間を深く読む営みであると言えよう。

ここまで『西京雑記』の本文を手掛かりに、菱田春草「王昭君」を鑑賞してきた。この絵を読み解くために、まずは絵画の分析を言語活動に挙げた、筑摩書房『古典探究 漢文編』(古探七一六)を使用教科書にし、そこに載る文章の精読から始めていったのである。さらに発展的な学習につなげるために、今度は『唐物語』「王昭君」を補助教材に用い、改めて菱田春草「王昭君」を読み解く探究学習のあり方を提案したい。

『唐物語』は平安時代末期に成立した日本古典文学作品である。中国の著名な人物や故事を和文調に翻訳して語っており、説話集のジャンルに属している。『唐物語』「王昭君」は、日本における王昭君説話の受容を考えるうえで、見逃せない[8]。王昭君を題材とした日本絵画を読み解くうえでも、『唐物語』からの影響を考える必要があるのではないか。

そこで、菱田春草「王昭君」を読み解くために、『西京雑記』に加えて補助教材として、『唐物語』の「王昭君」を取り扱うことを試みる。先に述べたように、菱田春草「王昭君」は、匈奴に嫁ぐ王昭君を宮女たちが見送る場面を描いている。よって、ここでは、『唐物語』前半の本文（王昭君が匈奴に連れて行かれるまでの文章）を手掛かりにし、この絵を改めて分析する活動を提案する。

『唐物語』の冒頭では、漢の元帝には三千人もの女御や妃が仕えていたが、その中でも、王昭君が絶世の美女であったことが語られる。冒頭に続く「この人、帝に間近くむつれつかうまつらば、我らさだめてものの数ならじと、あまたの御心にいやましく思しけり。」という叙述に注目したい。元帝に仕える他の妃たちは、王昭君の誰よりも美しい容貌を認めている。それゆえに、王昭君が帝に召され、帝が彼女の美貌を知ると、王昭君だけを寵愛するのではないかと不安を覚えている。帝の愛情が王昭君だけに向けられることを恐れる妃は数多く、彼女たちは王昭君

かれているのである。

『唐物語』では、元帝の他の妃たちから王昭君に対する嫉妬の感情が、つぶさに描かれているのである。

『唐物語』では、画工が王昭君を醜く描いたという事態にも、他の妃たちの言動が深く関与している。「人の教へにやありけむ、この王昭君の容貌をなむ醜きさまに写したりければ、」という表現に目を向けると、王昭君が醜く描かれたのは、彼女への嫉妬にかられた妃の誰かが、画工に教唆したからだという真実が見えてくる。ところで、『西京雑記』では、個々の判断で画工に賄賂を贈ったかどうか、という問題が妃たちの明暗を分けており、他の妃たちから王昭君に向けられた感情は一切描かれていなかった。一方、『唐物語』には、画工への賄賂の話が見えない。冒頭の段階で、帝の寵愛を競い合う後宮の妃たちから王昭君に対する嫉妬の念を描き、王昭君が画工に醜く描かれたという悲劇の要因も、他の妃たちが作ったかのように語られている。

振り返れば、菱田春草「王昭君」は王昭君が匈奴へ出立する場面を描いていたが、絵の右側の王妃たちの群れには、漢宮を去りゆく王昭君の方を向いていない者がいた。王昭君との別れを心から惜しむ様子には見えず、彼女たちは顔を見合わせ、噂話をするかのように描かれていた。『唐物語』に語られた妃たちから王昭君への嫉妬の念や言動を踏まえると、王昭君が匈奴の王の妃に選ばれて後宮を去ることに、彼女たちは安堵の息を漏らしていると読み取れる。

『唐物語』では、帝の寵愛を競い合う宮女たちは、他と比較にならないほど美しい王昭君の存在を疎ましく思っていた。ゆえに、王昭君が匈奴に嫁ぐことは、他の妃たちにとって好都合である。絶世の美女の王昭君が後宮を去れば、今後は帝の寵愛が誰か一人に傾くことを不安がる必要もない。菱田春草「王昭君」からは、画工に教唆し、王昭君をあえて醜く描いてもらう企みが成功してよかったと、声をひそめて語り合う後宮の妃たちの声が聞こえてきそうである。

このように、「古典探究」の授業で、王昭君にまつわる日中の文章を手掛かりにし、日本絵画を読み解くことで、古文と漢文の融合的な学習を行い、日本における王昭君説話の受容と展開に対する理解を深めることができる。菱田春草「王昭君」には、王昭君の別離の場面におけるさまざまな宮女たちが描かれていたが、漢宮を去りゆく王昭君の表情や所作は、『西京雑記』の話を髣髴とさせ[9]、今後も漢宮に残る他の妃たちの仕草や振る舞いには、『唐物語』の話もまた重ね合わされる。王昭君にまつわる日中の話譚の両方が菱田春草にインスピレーションを与え、王昭君や宮女たちの多種多様な感情に焦点を絞った絵画が新たに生み出されたとも、読み解くことができよう。

## 五、古典（古文・漢文）と他科目（美術）との連携的な学び

三・四節では、古典（古文・漢文）の文章を手掛かりにし、王昭君を描いた絵画を読み解く活動を示した。三・四節の活動は、教員が美術に関する知識を極力与えずに行い、生徒に自由に絵画を読み解かせることを想定している。本節では、三・四節に示した活動を行った後に、図書館やＩＣＴ機器を用い、王昭君を画題とする絵を描いた画家の経歴・絵の表現技法・背景等の美術に関する知識を調べさせ、改めて絵画を鑑賞する活動を提案する。美術の知識を踏まえ、再び絵画を鑑賞することで、古典と美術との連携的な学びのあり方について考えたい。

一つ目に、三節で挙げた宮素然「明妃出塞図」の美術の知識を踏まえた鑑賞のあり方を示したい。筑摩書房『古典探究　漢文編』（古探七一六）には、「明妃出塞図」（一二～一三世紀　宮素然）という情報だけが書かれている。画家の宮素然は古今の中国画史にその名が見えず、女道士であったこと以外はほとんど情報がない[10]。絵の制作年代は、金または南宋時代と見られ[11]、この絵は現在、大阪市立美術館に所蔵された重要文化財である。

教科書の挿絵は「明妃出塞図」の一部分で、この絵の全体は、匈奴の男たちや明妃と侍女の一行が、風を冒して

辺境の地（匈奴の勢力圏）に渡りゆく姿が躍動的に描かれている。一目で分かるように、この絵は単色の墨を用いた「水墨画」の手法をとっている。三節で鑑賞したが、王昭君を中心に描いた部分では、墨の濃淡と細やかな筆遣いにより、王昭君と侍女の仕草や表情、王昭君が乗る馬の美しい鞍や衣装の繊細な模様と、侍女の衣装を精巧に描き分けている。水墨画の技法で、ヒロインとしての王昭君の存在を際立たせ、王昭君が国王の妃として、匈奴に出立する場面を漢詩文的な抒情あふれる世界観で表している。三節で提案したように、漢詩文と照らし合わせて「明妃出塞図」を鑑賞することで[12]、水墨画の筆技の妙がうかがい知れ、中国書画の魅力を堪能することができる。

二つ目に、四節で挙げた菱田春草「王昭君」の美術の知識を生かした鑑賞の仕方を示したい。菱田春草「王昭君」は、明治三十五年（一九〇二年）に制作され、善寶寺（山形県鶴岡市）が所蔵し、現在は東京国立近代美術館に寄託されている重要文化財である。菱田春草（一八七四〜一九一一）は、明治時代後期を代表する日本画家で、岡倉天心の指導の下、横山大観らと「朦朧体」と呼ばれる没線彩画の描法を試み、近代日本画の革新に努めた。「朦朧体」とは、「技法的には没線描法、つまり輪郭線を否定する描き方[13]」である。春草の「王昭君」は、「こまかい描写になり、全体は無線描法を基調としているが、衣などには描線復活のきざしをみせはじめている[14]」と指摘される。一部には描線が使われ、「朦朧体」から離れようとしているが、「朦朧体」が主な手法となっている。

この描法の知識を得たうえで、再び菱田春草「王昭君」を鑑賞すると、うつむきがちに、匈奴への出立に向けて歩みを進める王昭君のいじらしい姿には、なまめかしい悲哀の情が漂っていると感じられる。別離の場面で、背後にいて泣き悲しむ二人の侍女と違い、王昭君は涙を流さず、悲しみの情を露わにはしない。この絵に描かれた王昭君のありようは、ほのかなヴェールに包まれており、彼女の心情をさまざまに想像させ、鑑賞者を深い情感に浸らせてくれる。

## 六、おわりに

本稿では、二節で、新旧の高等学校の古典の教科書における「王昭君」教材の採録状況を整理し、王昭君の話譚を新たに採録した「古典探究」の教科書は、古文・漢文の文章の比べ読みを活動に挙げていることを確認した。三節では、筑摩書房『古典探究 漢文編』(古探七一六)に採録された『西京雑記』「王昭君」と、【参考】に載る李白・大江朝綱の漢詩の本文と注を再読し、教科書の挿絵の中国書画、宮素然「明妃出塞図」を読み解いた。四節では、まず、筑摩書房『古典探究 漢文編』(古探七一六)に載る『西京雑記』「王昭君」の本文と注を手掛かりにし、同じ教科書の挿絵に載る菱田春草「王昭君」を鑑賞した。そのうえで、『唐物語』「王昭君」を補助教材として用い、菱田春草「王昭君」を再び鑑賞することを提案した。王昭君が題材の古文・漢文の文章を精読しつつ、王昭君を画題にした日本絵画を読み解くことで、日本における王昭君説話の受容と展開について考察し、古文・漢文の融合的な学びのあり方を示した。五節では、図書館やICTを活用し、それぞれの画家が描いた王昭君の絵に関する美術の知識を調べ、古文・漢文の本文を振り返り、絵画を鑑賞する試みを提案し、古典の科目と他科目(美術)との連携的な学びのあり方を示した。

三・四節の言語活動では、絵画を読み解くために、古文・漢文の原文を再読・精読することで、古典に描かれた出来事や心情を捉え、古典の原文そのものに対する理解を深められる。また、古典を題材にした絵画を鑑賞して話し合うことで、古典文学作品の受容の問題について考え、古典文学や芸術作品から得られた気づきや感動を、分かりやすく伝える力を高めることができる。

五節の言語活動では、画家の経歴・絵の表現技法について書かれた文章を主体的に調べ、美術の知識を吸収したうえで絵画を再び鑑賞することで、美術鑑賞の奥深さを実感できる。また、絵画の制作背景をうかがい知り、画家の解釈によって、古典を題材とした絵の場面選択や絵の中の人物像に、独自性が生まれることも理解できる。美術の教養を身につけ、古典の原文をたどり直しながら、絵画を改めて鑑賞する活動を通して、古典文学作品の受容とその変遷について、視覚的に訴えかけることができるのではないか。

古典文学作品を題材にして描かれた絵画は、文学作品と同じように、さまざまに読み解ける可能性を強く秘めたものである。このような絵画は、原典の本文の叙述には見られない空白の部分を埋めてくれ、古典文学作品の行間を読む楽しさと、文学作品を題材とした絵画を鑑賞する醍醐味を私たちに与えてくれる。

王昭君の教材のように、日中比較文学を教材として扱い、古文・漢文の原文を再読・精読しながら、古典を題材とした絵画を読み解く言語活動を行う。この取り組みによって、優れた古典文学作品が国境を超えて伝わり、さまざまな表現形式による新たな作品として、生み出されてゆく仕組みを確かに感じ取ることができる。と同時に、古典を主体的に読み解く楽しさを味わい、その楽しさを自らのことばで他者に伝える力も養うことができる。この活動を通して、わが国に伝わる言語文化の担い手としての自覚を高め、「自分と自分を取り巻く社会にとっての古典の意義や価値について探究し、生涯にわたって[15]」、古典に親しむきっかけを与えることができると考える。

注

（1）「明妃」は王昭君を指す。晋の時代、文帝の司馬昭の諱（いみな）を避け、石季倫が「王明君詞の序」を作ったことから、王昭君は「明妃」「明君」と別称されるようになった。

（2）王昭君の話の初出とされる歴史書『漢書』（元帝本紀）には、王昭君が匈奴の国王に嫁いだという出来事が記録されている。ただし、『西京雑記』に見える「漢宮の妃の王昭君が画工に賄賂を贈らなかったために不美人に描かれ、匈奴の国王に嫁がされた」という経緯は記されていない。一方、『西京雑記』は、歴史書に記された出来事にまつわる逸話を記録することに重きを置く。話のヒロインである王昭君の心情は、具体的に描かないという表現方法を取っている。

（3）筑摩書房『古典探究 漢文編』（古探七一六）には、王昭君を描いた絵画を分析する活動の前に、「王昭君」を詠じた詩歌を比較する実践例を掲げ、教科書の【参考】に挙げた日中の詩歌と『西京雑記』「王昭君」の比べ読みを促している。本稿で提案する言語活動も、絵画の分析の前に文章の比べ読みを実践し、絵画の分析の段階では、宮素然「明妃出塞図」を読み解くために、王昭君を詠んだ李白の漢詩、大江朝綱の日本漢詩を「再読」していると想定する。

（4）筑摩書房『古典探究 漢文編』（古探七一六）「王昭君」教材の五九頁。

（5）（4）に同じ。

（6）筑摩書房『古典探究 漢文編』（古探七一六）に掲載された宮素然「明妃出塞図」（部分）には、一頭の馬にまたがる人物が二人描かれている。本稿では、李白と大江朝綱が詠んだ王昭君の漢詩を手掛かりに、二人の人物のどちらが王昭君かを判断する道筋を示した。ちなみに、美術史研究の側でも、この「明妃出塞図」（部分）に描かれた二人の人物のうち、前方が王昭君で、後方が彼女の侍女であると考えられていることがある。例えば、八田真理子「〈修理報告〉「明妃出塞図」（阿部コレクション）」（『大阪市立美術館紀要』第二十四号、二〇二四年三月）、田中豊蔵「宮素然筆明妃出塞圖巻」（『中国美術の研究』、二玄社、一九六四年）などを参照されたい。

（7）筑摩書房『古典探究 漢文編』（古探七一六）に掲載された菱田春草「王昭君」には、十人ほどの女性が描かれているが、この絵は教科書の掲載スペースに合わせるためか、一部切り取られている。実際には、菱田春草「王昭君」には、十七人ほどの女性がいることが確認できる。ちなみに、菱田春夫 編著『菱田春草〔正〕』（大日本絵画、一九七六年）には、大判カラーの「王昭君」が載っている。授業では、教科書の挿絵とともに、図録を活用し、春草の「王昭君」の全体像を捉えさせ、王昭君を見送る複数の女性たちの、複雑で多様な感情を注意深く読み取らせたい。

（8）本稿の二節に示した数研出版の「古典探究」の教科書は、『唐物語』『西京雑記』の王昭君説話を読み比べる言語活動例を示している。日本における王昭君説話の受容を考えるための教材として、『唐物語』を位置づけている。

（9）『唐物語』の前半における王昭君が匈奴の国王に連れ帰られるまでの話には、王昭君の心情や振る舞いは全く描かれていない。元帝の後宮に住む妃たちから王昭君に対する嫉妬の念や言動を中心に、話が展開されている。

（10）（6）に挙げた田中豊蔵論文の二六四頁を参照。

（11）（6）に挙げた八田真理子論文の四一頁を参照。

（12）宮素然「明妃出塞図」の接尾には、陸勉（一四〇四～一四八五～？　明代初期、およそ成化、弘治年間頃の人物）の跋が書され、王昭君を詠じた王安石の「明妃曲 二首」が記されていると、（6）に挙げた八田真理子論文で報告されている。八田論文は宮素然「明妃出塞図」の跋の順序に不審が認められることを指摘し、「明妃曲」（其二）は、王昭君に付き従ってきた「漢宮の侍女と琵琶のモティーフを織り込んだ内容」のため、宮素然「明妃出塞図」の「絵画内容」に「合致すると判断されたのかもしれない」という見方を示している。筑摩書房『古典探究 漢文編』（古探七一六）の挿絵の宮素然「明妃出塞図」を鑑賞する際に、同じ教科書の【参考】に載る李白・大江朝綱の漢詩以外に、補助教材として、王安石「明妃曲」（其二）の漢詩も扱うべきかどうか、という問題については、改めて考えたい。

（13）河北倫明 監修『菱田春草 その生涯と作品と創造の源』（週刊アーティスト・ジャパン 三十二号）、同朋舎出版、一九九二年、一〇一八頁。

（14）吉沢忠『菱田春草』（講談社版 日本近代絵画全集 第一六巻）講談社、一九六三年、二十四頁。

（15）『高等学校学習指導要領（平成三十年告示）解説 国語編』（文部科学省、二〇一八年）、十～十一頁。

〔付記1〕『西京雑記』の本文と李白・大江朝綱の「王昭君」の漢詩は、筑摩書房『古典探究 漢文編』（古探七一六）の教科書から引用し、『唐物語』の本文は、数研出版『高等学校 古典探究』（古探七一一）の教科書から引用した。

〔付記2〕作品の図版掲載にあたり、掲載許可をいただいた所蔵先・寄託先と関係者の皆様に厚く御礼申し上げます。

●宮素然《明妃出塞図》（部分）十二―十三世紀（大阪市立美術館蔵）

●菱田春草《王昭君》一九〇二年、東京国立近代美術館寄託作品（善寶寺蔵）

# 第四部　補助教材等の提案

# 第十一章

## 芥川龍之介、中島敦の同時代中国へのまなざし
### ――「杜子春」「山月記」を外側から読む――

中村　みどり

### 一、日本と「国語」を外から眺める

はじめて日本の外に出て、「国語」という枠組みについて考えた筆者自身の体験から語ってみたい。大学一年生の夏まで日本の国境を越えたことのなかった私は、「国語」の授業とは、日本語で記された文学作品を読み、その背景を解釈するものだと、ぼんやりと平面的に受けとめていた。そのころは、近代国家の制度としての「国語」という概念や、複数の共通語を持つ国では「国語」という語さえ存在しないことなどに、思いを馳せるほどの知識を自分のものとしていなかった。たしか中学校で中国近代文学を代表する作家魯迅の小説「故郷」を読んだが、中国という国の社会状況を理解しながら、もとは中国語で書かれたその作品世界を捉えるのは、なかなか難しかったように記憶している。

転機となったのは、日本では平成に年号が変わったころ、改革開放政策へスタートを切ったばかりの一九九〇年

代はじめの中国への渡航であった。「経済大国」あるいは「抗日映画に描かれた」日本から来た学生ということで、現地では人々の好奇心あふれるまなざしに囲まれ、たじろぐほどであった。また広大な多民族国家で生きる人々が話す「普通語」にはさまざまなクセがあり、教科書のなかで「普通語」をかじっただけの私にはほぼ聞きとれず、ショックを受けたものである。標準化された「普通語」を話すのは、テレビのなかのアナウンサーに限られていた。私は混乱しながらも、次から次へと押し寄せてくる、生きた言葉の波とともに人々が抱く日本イメージにもまれながら、自分のなかにあった種々の既成概念の枠組みを広げていったように思う。同時代中国について知ることは、欧米志向になりがちな今日の日本に欠けている視点を補えるような気がして、やがて中国近現代文学の研究をこころざすようになった。

日本の国際化にあたっては、「国語」の授業において自我と切り離した観点から日本語を捉える必要があると、日本文学研究者のロバート・キャンベルと紅野謙介はその対談で説いている。[1]私にとっての中国行きは、まさに「国語」や「普通語」とは定義の一つに過ぎなく、現実の言葉や人々のアイデンティティはそれ以上にでこぼこで多様であることを肌でもって知る、貴重な体験となった。そのような筆者の体験を踏まえて、本稿では、芥川龍之介と中島敦の同時代中国へのまなざしについて取り上げてみたい。「国語」の授業では、この二人の作家の作品として中国古典文学に材を取った「杜子春」や「山月記」が知られているが、大正期の一九二〇年代あるいは昭和期の一九三〇年代に中国に渡った芥川と中島は、教養として学んだ漢詩漢文の世界とは異なる現実の中国をどのように描いたのであろうか。また彼らの作品は日本の言葉や文学にどのような広がりをもたらし、今日を生きる私たちに何をもたらすことができるのであろうか。

## 二、芥川と同時代中国

芥川龍之介（明治二十五年（一八九二）～昭和二年（一九二七））はその短い生涯で、説話や王朝ものなど幅ひろい作風の小説を残したが、「国語」教科書でもっともなじみ深い作品は、「杜子春」（『赤い鳥』大正九年（一九二〇）七月号）であろう。童話風の文体を用いたこの作品は、中国の唐代伝奇「杜子春伝」を下敷きとする。舞台は唐代の洛陽、若者杜子春が仙人との出会いにより、清貧のなかにこそ人間らしい暮らしがあることに気づくまでを描いている。芥川は第一高等学校から東京帝国大学の英文科に進学し、英語をはじめとする欧米の言語に通じていたが、中学のころから漢詩漢文にも秀でていた。漢詩漢文に対する親しみは、「杜子春」を発表した直後につづられたエッセイ「漢文漢詩の面白味」からもうかがえる。

漢詩漢文を読んで利益があるかどうか？ 私は利益があると思う。我々の使っている日本語は、たとい仏蘭西語の拉甸語における関係はなくとも、かなり支那語の恩を受けている。これは何も我々が漢字を使っているからと云うばかりじゃない。漢字が羅馬字になった所が、遠い過去から積んで来た支那語流のエクスプレッションは、やっぱり日本語の中に残っている。だから漢詩漢文を読むと云う事は、過去の日本文学を鑑賞する上にも利益があるだろうし、現在の日本文学を創造する上にも利益があるだろうと思う。(2)

このエッセイからは、日本語や日本文学のなかに溶け込んだ漢詩漢文から、芥川が創作のインスピレーションを得ていたことがうかがえる。もっとも「杜子春」発表とまったく同じ時期、同時代の南京の私娼や横浜の華僑を登場させた小説「南京の基督」「影」を芥川が発表していたことにも目を向けてみたい。

『中央公論』大正九年（一九二〇）七月号に発表した「南京の基督」は、敬虔なキリスト教徒で、父を養うために私娼となった宋金花を主人公とする。突然押しかけてきた外国人の男の面影が部屋のキリスト像に似ているため、性病に苦しむ彼女は一夜をともに過ごすが、知らぬ間に男に病をうつしてしまったことにより、病から快復する。宋金花はその男をキリストの化身と思い込み感謝していることが、彼女の客となった日本人の男「おれ」の口をとおして語られている。次は作品の冒頭部分である。

ある秋の夜半であった。南京奇望街のある家の一間には、色の蒼ざめた支那の少女が一人、古びた卓の上に頬杖をついて、盆に入れた西瓜の種を退屈そうに嚙み破っていた。

卓の上には置きランプが、うす暗い光を放っていた。その光は部屋の中を明くすると云うよりも、むしろ一層陰鬱な効果を与えるのに力があった。(3)

みすぼらしい宋金花の部屋の描写からはじまる「南京の基督」は、文末の附記のとおり、谷崎潤一郎〔明治十九年（一八八六）～昭和四十年（一九六五）〕の小説「秦淮の夜」〔大正八年（一九一九）〕を踏まえている。芥川より六歳年上、第一高等学校から東京帝国大学の国文科に入った谷崎は、早くから文壇に認められ、学費未納で退学するが、彼もまた漢文漢詩の深い教養を身につけていた。大正七年（一九一八）に北京から漢口、そして九江をへて南京、上海、杭州など同時代の中国を旅行すると、中国にエキゾチシズムを重ねた「支那趣味」の小説をさかんに発表する。その一つが「秦淮の夜」であった。南京の秦淮河のほとり、奇望街の闇のなかにひそむ私娼の姿を客である日本人の男「私」の視点から描く。官能的な美を追求する谷崎のあくなき欲望と才能を、自分にはないものだと芥川は認識していたと思われる。だからこそ谷崎と同じ南京の色街を舞台としながらも、「南京の基督」の物語の焦点は、あどけない私娼の視点をとおして、列強に支配される現代中国のいびつさを浮き彫りにすることに置かれている。

「この間肥った奥さんと一しょに、画舫に乗っていた人かしら。いやいや、あの人は髪の色が、もっとずっと赤かった。（中略）そうそう、いつか利渉橋の側の飯館の前に、人だかりがしていると思ったら、ちょうどこの御客によく似た人が、太い籐の杖を振り上げて、人力車夫の背中を打っていたっけ。事によると、——が、どうもあの人の眼は、もっと瞳が青かったようだ。……」[4]

以上の引用は、部屋に押しかけてきた客を前にして、これまで目にした外国人の男について思いをめぐらす宋金花の心中を語ったシーンであるが、ここでは、中国人の人力車夫を杖で打つという、列強の支配者である外国人の横暴さがさりげなく差し込まれていることが指摘できる。

「南京の基督」が発表された前年の大正八年（一九一九）は、中国で五四運動が起きた年にあたる。第一次世界大戦後、ベルサイユ条約にて山東半島のドイツ利権を中国に返還せず、日本に譲渡することが列強の間で決められると、同条約への署名拒否を北京の軍閥政権にもとめ、北京の学生たちは反帝国主義の運動を起こす。日本製品ボイコットも含めた運動はたちまち各都市に広がった。芥川はこのニュースを耳にしていたはずであり、彼の中国認識が「南京の基督」に反映していると考えられる。ただし、宋金花の客となる「おれ」は日本人で、病をうつされた客はアメリカ人と日本人の両親を持つという設定になっているものの、日本人もまた列強に連なる存在であることについてまでは、作者の筆は掘り下げられてはいない。

もう一つの、横浜の華僑を主人公とした作品「影」は、『改造』大正九年（一九二〇）九月号に掲載されたミステリータッチの小説である。貿易会社を営む華僑の陳彩は、虚偽の密告書により日本人の妻房子の貞操を疑うようになり、精神的に追いつめられて彼女をあやめてしまう。ストーリーは探偵小説風に組み立てられており、差出人不明の密告書は、房子に思いを寄せる、会社書記の日本人の男が書いていたことがのちに明らかにされる。この作品の片隅では、列強の一員として中国を見下げはじめた日本人のまなざしが捉えられている。

「拝啓、貴下の夫人が貞操を守られざるは、再三御忠告……貴下が今日に至るまで、何等断乎たる処置に出でられざるは……されば夫人は旧日の情夫とともに、日夜……日本人にして且珈琲店の給仕女たりし房子夫人が、……支那人たる貴下のために、万斛の同情無き能わず候。……今後もし夫人を離婚せられずんば、……貴下は万人の嗤笑する所となるも……微衷不悪御推察……敬白。貴下の忠実なる友より。」

手紙は力なく陳の手から落ちた(5)。

これは、書記の手による密告書の文面である。一見すると、社会的身分の低いカフェ店員であった房子が浮気し、会社経営者である陳が裏切られていることに差出人は同情しているかのようである。しかしながら、陳は中国人であり、房子は日本人であることを強調しており、その言葉の裏では、弱国となった中国の男が列強となった日本の女を娶るのは格差婚にほかならず、矛盾が生じやすいことをほのめかしているとも読むことができよう。

これらの作品を発表した翌年、芥川は体調不良のなか、大阪毎日新聞社の特派員の肩書で中国へ渡る。上海から南京、九江、漢口、長沙、洛陽へ、北京から大同、天津をまわり、中国に対する観察は、「大阪毎日新聞」大正十年（一九二一）八月から九月にかけて連載した「上海游記」、同紙大正十一年（一九二二）一月から二月にかけて連載した「江南游記」などでつづられた。これらの旅行記からは、現実の中国に身を置いた芥川は、複雑に入り組んだ民族の共存と摩擦のありさまをまざまざと目にしたことがうかがえる。

阿片戦争以来、イギリスをはじめとする欧米列強は清朝の領土分割をすすめ、後発組であった明治維新後の日本もまたそれにつづく。その勢力図が顕著に映し出されたのが上海である。黄浦江以西には、上海一の繁華街であるイギリス租界とアメリカ租界が合併した共同租界が広がり、細い川をはさんだその北側に日本人街があった。問答形式の「上海游記」では、問いに対する返答のなかで諧謔を交えながら、西洋風に発展した街並みには各民族の支配被支配の関係が刻まれていることを指摘する。

問。パブリック・ガアドンは？

答。あの公園は面白かった。外国人ははいっても好いが、支那人は一人もはいる事が出来ない。しかもパブリックと号するのだから、命名の妙を極めているよ。

問。しかし往来を歩いていても、西洋人の多い所なぞは、何だか感じが好いじゃないか？　これも日本じゃ見られない事だが、――

答。そう云えば僕はこの間、鼻のない異人を見かけたっけ。あんな異人に遇う事は、ちょいと日本じゃむずかしいかも知れない。

問。あれか！　あれは流感の時、まっさきにマスクをかけた男だ。――しかし往来を歩いていても、やはり異人に比べると、日本人は皆貧弱だね。

答。洋服を着た日本人はね。(6)


「パブリック・ガアドン」とは、黄浦江沿いの共同租界につくられた外国人専用の公園である。昭和三年（一九二八）以降、中国のナショナリズムの高まりのもと中国人の入園も許されるようになるが、芥川が訪れた当時はまだ外国人しか入ることができなかった。その現状と公園名「パブリック」との間の落差を作者は風刺してみせる。また上海在住の外国人には、性病で身を持ちくずし「鼻がない」ようなならず者もいること、しかしながら日本人といえば、とりわけ欧米人を必死に模倣しようとしているさまを突き放して眺めている。

これに対して「江南游記」では、かつて南宋の都としてさかえた杭州、なかでも名高い西湖を目にした際、作者は次のように感嘆の声を上げている。

西湖！　私は実際この瞬間、如何にも西湖らしい心もちになった。茫々と煙った水の上には、雲の裂けた中空から、幅の狭い月光が流れている。その水を斜に横ぎったのは、蘇堤か白堤に違いない。堤の一箇所には三角形に、例の眼鏡橋が盛り上がっている。この美しい銀と黒とは、到底日本では見る事が出来ない。私は車の揺れる上に、思わず体をまっ直にしたまま、いつまでも西湖に見入っていた。(7)

ここでは、文人墨客に愛でられてきた西湖、宋の詩人の蘇東坡や唐の詩人の白居易にまつわる堤防などを前にして、漢詩漢文をとおして憧れてきた風景に一体化する作者の姿が見られる。ただし、そのような詩情あふれる景色のなかにも不協和音、すなわち酒に酔って騒ぐアメリカ人旅行客の姿を描き入れることも作者は忘れていない。

玄関の外には門の左に、玫瑰の棚が出来ている。我我はその下に佇みながら、細かい葉の間に簇った、赤い花を仰いで見た。花は遠い電灯の光に、かすかな匂いを放っている。それが何だかつやつやと、濡れていると思ったら、いつの間にか暗い空は、糠雨に変わっているのだった。玫瑰、微雨、孤客の心、――此処までは詩になるかも知れない。が、鼻の先の玄関には、酔っ払いのヤンキイが騒いでいる。私はとてもこの分では、「天鵞絨の夢」の作者のように、ロマンティックにはなれないと思った。(8)

ここで触れられている「天鵞絨の夢」とは、中国人の富豪夫妻が西湖のほとりの大邸宅に美しい少年少女を閉じ込め、甘美な夢にふけるさまを日本人男性の旅行者「私」が伝聞のかたちで語る、谷崎潤一郎の大正八年（一九一九）の小説である。先述のように、芥川は谷崎の中国ものを意識して創作をつづけてきたが、ここに至り、谷崎の耽美的な世界には背を向けて、列強の利権が交錯する現実の中国の描写にジャーナリスティックな筆を振るおうという、自負が述べられているように思われる。

日本へ帰国する際、芥川は北京まで北上したのち、約十年後に満洲国が建国される中国東北地方の奉天（現瀋陽）を経由するが、奉天の停車場ではぞろぞろと歩く日本人の集団を目にし、欧米人が唱える「黄禍論」に同意したくなったと作者はシニカルに語っている。(9) このように日本の外に出たからこそ、列強として中国に進出する日本のふるまいを客観的に眺めるまなざしを芥川は獲得し得たといえよう。

その後、『中央公論』大正十五年（一九二六）一月号に発表した小説「湖南の扇」では、大正十年（一九二一）の芥川の湖南行きの体験を踏まえたと思われる物語がつづられている。日本人旅行者「僕」は、以前日本に留学した長沙出身の同級生、譚永年の案内で現地の妓楼を訪れる。「僕」のなかで深い印象を残したのは、芸者の美しさではなく、無病息災のために処刑者の血を食するという中国民間の生々しい風習であった。譚はこの風習を「国辱」と称して否定するが、「僕」はそれを実行する中国人の「激しさ」に圧倒される。人血を薬とする風習については、魯迅の小説でも取り上げられている。[10]「湖南の扇」からは、それまでの中国ものとは異なり、現実の中国が抱える問題に目をこらそうとする芥川の姿勢が浮かびあがってくるのである。[11]

「湖南の扇」発表の翌年、芥川は自死する。繊細な神経の持ち主であった芥川は、激動の時代を乗りきるだけのしぶとさを持ち合わせていなかったともいえよう。しかしながら、亡くなる前に、横光利一に上海を見ておかなければならぬと告げたというエピソードは、漢詩漢文に根を下ろした文学の感性を外に開き、同時代中国の現実の姿を捉えることが当時の日本の文学には必要だ、と芥川が認識していたことを語っているのである。

## 三、中島と同時代中国

芥川と同じように、漢詩漢文の世界に親しみながら、同時代中国の現実を文学作品に描こうとしたのが中島敦（明治四十二年（一九〇九）～昭和十七年（一九四二））である。[12] 中島の作品もファンタジーからSFまでと幅ひろいが、「国語」の教科書で知られている小説「山月記」（『文学界』昭和十七年（一九四二）二月号）は、唐代伝奇「人虎伝」「李徴」などを下敷きとする。唐の時代、隴西（現甘粛省）出身の官僚で詩人である李徴は自尊心の高さゆえ孤立し、虎に変身してしまい、旧友を前にした彼の懊悩と告白が書き下しの文体でつづられている。

芥川より十七歳年下の中島は、第一高等学校から東京帝国大学の国文科で学ぶが、父方の祖父が漢学者であったため、漢詩漢文を身近なものとして育った。また清朝末期の中国に渡り現地の文人と交流した伯父、満洲国の高官をつとめた叔父などから教えを受け、同時代中国への興味も培ってゆく。さらには、漢文教員であった父の朝鮮赴任にともない、京城（現ソウル）の小学校と中学校で学ぶなど、幼いころから日本の外に出る機会があった。

中国にも数回にわたり渡っている。中学の時には修学旅行で満洲に行き、叔父の天津宅に滞在した。高等学校在学時には、当時の父の赴任先であった中国東北地方の大連で病気養生の日々を送る。満洲国が建国された昭和七年（一九三二）には南満洲と華北を、昭和十一年（一九三六）には上海、杭州、蘇州を旅行した。そのほか、昭和十六年（一九四一）には南洋庁の国語編修書記となってパラオに赴任するなど、日本統治下の各地での滞在体験は、彼の創作に大きな影響を与えることになる。

芥川と異なるのは、「山月記」もふくめて、中島は同時代の中国を体験したのちに中国ものを創作していることである。また中島が目にした中国は、芥川が旅行した当時とは様変わりしていた。昭和三年（一九二八）、北伐戦争をへて国民党をひきいる蒋介石が国家統一を遂げると、南京国民政府のもと各方面の改革がすすめられる。さらに日中間の対戦となった上海事変および満洲事変の勃発により、都市部を中心に中国ナショナリズムが強まってゆく。

早世した中島の作品の多くは、草稿として創作ノートに記されたままであったが、そのなかには自作の漢詩のほか、漢詩を現代詩風の日本語に訳したものもあった。たとえば、明の高青邱の詩「月淡梧桐雨後天　咿唔声在北窗前　誰知鄰館無児客　病裏聴来転不眠」は、次のように訳されている。

宵の雨　はや霽りしか

梧桐の葉に　月影ほのか
窓あかり　書読む声は
さし並みの　隣家の童
ふるさとに　待つ児もなくて
草枕　旅に病む身は
小夜ふけの　幼き声に
心傷れ　未だも　いねず[13]

やわらかな日本語のリズムが響く訳は、漢詩の詩情を書き下し文ではなく、日本語の現代詩としてよみがえらせようとした画期的なこころみだと位置づけられる。

他方では、同時代の中国を題材とした創作にも中島は精力的にとりかかっていた。昭和五年（一九三〇）一月、第一高等学校の『校友会雑誌』に掲載した「D市七月叙景（一）」は、夏の大連を舞台とする三章仕立てのオムニバス小説である。第一章では、張作霖爆破事件後のM社、すなわち日本の国策会社であった南満洲鉄道株式会社の、日本人総裁「Y氏」の辞任前のいらだちを描く。第二章では、M社の日本人サラリーマンで、四人の子どもの父親である「彼」の家庭生活のつつましい幸せを、第三章では、不景気で仕事にありつけない、名もなき二人の中国人苦力（肉体労働者）の行き場のない状況を描いている。次は第二章からの引用である。

それから、今の長男が生まれると間もなく、知人の伝手で、此の苦しい生活から逃げる様に満洲にとび立ったのであった。生活は予想以上に楽であった。収入は内地のそれに殆んど倍した。彼はそれ以来、此のM社を離れなかった。そして今では此処の社員倶楽部の書記長を勤めて居た。内地で、一生、いくら勤めた所で、とても、今の自分位の生活はできなかったろうに、と、彼自身時々、非常な満足を以て考えて見る程だった。[14]

ここでは、ロシア（ソ連）やアメリカと競合し、張作霖爆破事件をへて、日本が勢力下に置いた中国東北部の都市に「彼」がとどまる理由は、けっして「民族協和」などの理想のためではなく、国策会社の庇護のもと安楽な生活が送れるからだという庶民の率直な心境が述べられている。もっとも特色があるのは、中国人苦力の姿に焦点をあてた第三章であろう。

「お前、どうする気だ？　ほんとに。」

「分らんよ。どうにか、なるだろう。」

「営口へでも行くか。歩いて。あすこなら少しはいいかも知れんぞ。」

一人は、それには答えずに、不機嫌そうな顔をして黙々と歩み続けた。

此の地方の主要工業製品である豆粕や豆油が、近来、外国のそれに、圧倒されてきたこと。殊にドイツの船などは、直接此の港から大豆のままを積んで本国の工場に持ち帰って了うこと。それに第一、肥料としての豆粕が、近ころは已に硫酸アンモンにとって代られて居ること。こんなことを彼等苦力が知ろう筈はない[15]。

昭和五年（一九三〇）当時、日本の青年たちの間では、ソ連やドイツ経由で反帝や社会革命を説くプロレタリア運動がさかんになっていた。プロレタリア文学の立場から、中国の労働者との国際的な連帯を唱える作品も少なくなかった。これに対して「D市七月叙景（一）」第三章は、理論的な提唱ではなく、日本を含めた列強による支配が中国の最下層の暮らしにいかなる影響を与えるかを、苦力の視線にそって描くことに主眼を置いている。半植民地における民族の共存と摩擦、人々の呻吟の描写は、昭和八年（一九三三）から昭和十一年（一九三六）にかけて執筆された未定稿で唯一の長篇小説「北方行」にて、より掘り下げられることになる。

「北方行」の舞台は、昭和五年（一九三〇）の北平（中華民国時期の北京の名称）である。主な登場人物は、日本から中国に嫁ぎ、中国人の夫の死後も北平にとどまる白柳子、その娘の麗美・英美姉妹、北平を訪れた柳子の従弟、黒木三造である。さらに彼らを取り巻く人物には、現地の大学に通う大陸浪人風の若い日本人の男や、その同級生で日本からの独立運動にかかわる朝鮮人の男などが登場する。それぞれが抱える葛藤が語られてゆくが、もっとも大きな迷いをかかえているのは柳子である。

人種？彼女はたしかに中国人になっている筈だった。が、十五年間の懸命な意志的な努力にも係らず――それは確かに苦しい努力だった。それは彼女自身の生来の強い自尊心に対してばかりではなく、同時に日本人の中に浸みこんでいる支那人軽蔑に対する二重の闘いだったから。その努力のために、彼女は在留日本人の支那人に対する偏見を、どんなに女らしくない言葉で以て揶揄し嘲笑したことであろう。――そして、今はこの姑とも、不自由ながらも（西安と北京とではまるで言葉が違っていたから）同じ国語で話が出来るようになっていながら、やはり彼女はまだこの愚かしい感情をどうすることも出来ないでいる。[16]

柳子は両親の反対を押し切り、西安の名家出身の中国人日本留学生と結婚する。しかしながら、中国の共通語である「国語」を習得したものの、いまだに中国人のアイデンティティを持つことができない。のみならず、彼女はこころのなかで、列強の一員の意識を持つ日本人の間で形成された、中国蔑視の感情を打ち消すことができない。一方、日本にいたころは、彼女は漢詩を愛する父親の影響のもと、中国に対しては親しみの感情を抱いていたと思われる。

その夜、彼女は、石と土で塗り固めた城砦のような建物の小さな窓から月を見た。それが丁度、今夜位のまるさで、窓に劃られた四角な空の真中にかかっていたのである。彼女は東京の家の掛図の句に――そのころ父がよく吟じたものだった――「長安一片月」とか何とかあったのを憶出した。そして、ほんとに此処は長安なのだと気づいたのであった。[17]……

前記は、西安の姑の家で、柳子が日本の実家の壁にかざられていた漢詩を思い出すシーンである。李白「子夜呉歌」四首 其三にあたるこの詩は、辺境の異民族との戦いに夫を送り出した妻の寂寥を詠んだものである。しかしながら、いにしえの都として漢詩をとおして憧れた長安、現在の西安に身を置くものの、柳子はもはやこころを揺さぶられることはない。以前は日本語を「国語」とする安住の地に身を置いていたからこそ、距離を置いて漢詩の詩情を愛でることができたのであろう。しかし今や、現実の中国で生きねばならぬ彼女は、詩中の夫を待ちわびる良妻の型からも外れ、日中の対立のなかで根なし草のように漂うさまが描かれているのである。作品には、魯迅の一世代下の作家、郭沫若の恋愛小説を柳子の娘、英美が読んでいるシーンもはさまれており、[18] 中島が同時代中国の文学にも興味を持っていたことを示している。

そのほか、中島の同時代中国を題材とした作品には、「北方行」創作後の昭和十一年（一九三六）、上海、杭州、蘇州を旅行した体験をもとに短歌のかたちで詠んだ「朱塔」がある。そのうち、杭州の西湖を訪れた際に詠んだ歌「杭州の歌」の一部を抜き出してみよう。

蘇東坡が築きたりしといふこの堤にベンチ置きたり人は見えなく
はちす葉の茂みを別けて蓮とると翁は手もて盥漕ぎ行く[19]

ここでは、十五年前の芥川の旅行記のように、やはり漢詩漢文のなかのいにしえの詩情に作者は思いを馳せている。しかし同時にまた作者の視線は、蘇東坡ゆかりの堤防には休憩用のベンチが置かれ、湖には生活のため蓮を求める老人の姿があることなど、目の前の現実や生活者である庶民の姿から離れることはない。また上海、杭州、寧波を結ぶ列車のなかで詠んだ短歌では、時局の緊張とともに、それとは切り離された生活を送る人々の姿も描く。

ドアを開けて憲兵入り来鞣皮と埃のにほひかすかにするも
蓮の実を售る声きこゆこの駅は松江ならむ夕べ近しも
農夫らの水牛牽きて帰る見ゆはやもゆふげの時となりけらし

嘉興の塔のシルエットはろかなりトマト・スウプを啜りつゝ見る[20]

ここでの第一首では、上海あるいは近郊に駐在する日本人憲兵が列車に乗り込む姿を詠んでいる。乗客の検閲のためであろうか、客車に入ってくる動作、彼らが身におびた鞣革や埃のにおいの描写は、かすかながらも日中間の全面戦争前夜にただよう緊張感を捉えている。一方、第二首と第三首では、夕暮れ前、プラットフォームにひびく蓮の実売りの声、一日の労働を終えて水牛をひいて家に帰る農民の姿を、悠久の時間のなかで捉えている。第四首では、上海近郊の農村の嘉興を通る際、夕日に影を濃くする古塔を車窓に眺めながら夕餉をとる旅情を、「シルエット」や「トマト・スウプ」というモダンな語彙であらわしているといえよう。

このように中島は、同時代の中国での滞在を重ね、その地で感じた時局の緊張や民族間の摩擦および人々の懊悩を描くと同時に、時局とは切り離されたところでつづく人間のいとなみにも目を向けていた。漢詩とその日本語訳、短歌、小説など幅ひろいジャンル、および「国語」という語では縛りきれない日本語のゆたかな表現の模索のなかで、「山月記」もまた創作されたのであった。太平洋戦争勃発の翌年、戦況の報道に沸き、誇張されたスローガンが躍るなかで発表されたこの小説では、格調高い書き下し文を用い、唐代を舞台に人間のこころの闇や自我のあり方を掘り下げる。そこには、時局と硬直した日本語から離れて、いまいちど漢詩漢文の世界に戻ることにより、人間のこころとは、画一化されることのない個々の矛盾や深い奥行きを抱えたものではないかと問う、中島なりのメッセージが託されていたと考えられるのである。

## 四、「杜子春」「山月記」を外側から読む

「国語」教科書にて愛読されてきた「杜子春」と「山月記」は、ともに中国古典文学を下敷きとした小説である。

ただし、作者である芥川と中島は、漢詩漢文の静謐な世界に感性の根を下ろしながらも、その感性の扉をあけて同時代中国の現実に目を向け、列強に分割される中国および列強の一員として中国に侵出する日本の姿を文学作品のなかで捉えようとしていた。

本稿で取り上げてきたように、芥川は、谷崎の中国ものを意識しながら南京の色街を舞台とした「南京の基督」や、横浜の華僑を登場させるミステリータッチの「影」を発表し、そのなかで民族の支配被支配関係に触れていた。また新聞社特派員の肩書で中国に渡ると、体調を崩しながらも民族の共存が抱える摩擦について目を光らせた。そのジャーナリスティックなまなざしは、「上海游記」や「江南游記」などの語りで展開され、さらに中国の内側をのぞこうとした「湖南の扇」を創作するに至っている。同時代中国をいかに認識して描くか。それが日本の文学にとって必要であることを感じながら、芥川はこの世を去る。作家の資質や時代の影響もあろう、芥川が感じ取ったものを凝視し、半植民化された同時代中国の内側をさまざまな文体で多層的に描いたのが中島である。日本の外に出る機会の多かった中島は、「D市七月叙景（一）」や「北方行」では日本人が集住する大連や北平を舞台に、中国に嫁いだ日本人の妻や中国人労働者をとりまく社会状況とともに、社会の中心からはみ出した彼らの懊悩を語ってみせた。中島は谷崎とともに芥川の作品も意識しており、同じ第一高等学校から東京帝国大学にすすんだこれら二人の先輩の中国ものの枠組みを超えようという、こころざしが胸にあったであろう。「山月記」を発表して間もなく、中島は若くして病死するが、もし彼の創作活動が続いていたならば、閉ざされがちな「国文学」と「国語」の空間を広げる、大きな役割を果たしたはずだと思われる。

「国語」の授業で「杜子春」あるいは「山月記」を学ぶ時、日本の外に出た芥川と中島が、なじみ深い漢詩漢文の世界とは異なる、中国の現実をいかに日本の文学のなかで描くかを模索していたことを踏まえてこそ、二人の作家の作品はより深く読むことができるのではないだろうか。とくに中島の場合は、同時代の中国を舞台とした作品を創作したのち、ふたたび中国古典文学の題材と書き下し文を用いた「山月記」を発表していた。日本が中国を主戦場とし、戦争一色に染まろうとしていた時代のなかで、唐代を舞台に人間のこころの闇や苦悩を問う同作品を中島が書いた意味については、あらためて考える必要がある。それは、今日、国際化とともにふたたび戦争による民族の対立があおられ、多様化とともに画一化がすすむ世界、そして、そこに連なる日本社会に身を置く私たちの生き方について思考する際の糧にもなると思われるのである。

## 注

（1）ロバートキャンベル、紅野謙介対談「『広義の文学』の可能性を求めて」（『中央公論』二〇一九年十二月号）。
（2）「漢文漢詩の面白味」（『芥川龍之介全集 第七巻』、ちくま文庫、一九八九年七月第一刷、二〇二一年七月、第十三刷）四十二頁。本稿では、一九七一年刊行の筑摩全集類聚版『芥川龍之介全集』を底本とし、原文を現代仮名づかいに改め、表現をそこなわない範囲で漢字を仮名に改めた、ちくま文庫版全集から文章を引用した。「漢文漢詩の面白味」の初出は『文章倶楽部』［大正九年（一九二〇）十一月］。
（3）「南京の基督」（『芥川龍之介全集 第三巻』、ちくま文庫、一九八六年十二月第一刷、二〇二一年七月第二十一刷）四七五頁。
（4）「南京の基督」（同前）四八四頁。
（5）「影」（『芥川龍之介全集 第四巻』、ちくま文庫、一九八七年一月第一刷、二〇二二年二月第二十刷）三十九頁。
（6）「上海游記・一二 西洋」（『芥川龍之介全集 第八巻』、ちくま文庫、一九八九年八月第一刷、二〇二二年二月第十三刷）四十九〜五十頁。
（7）「江南游記・四 杭州の一夜（中）」（同前）九十八頁。
（8）「江南游記・四 杭州の一夜（下）」（同前）一〇〇頁。
（9）「雑信一束・十九 奉天」（同前）二三〇頁。
（10）魯迅の短篇小説「薬」［大正八年（一九一九）］は、清朝末期、病床の息子のため処刑者の血を染み込ませた饅頭を手に入れる父親の姿を描く。「湖南の扇」と「薬」に関する研究には、単援朝「芥川龍之介『湖南の扇』の虚と実――魯迅『薬』をも視野に入れて」(『日本研究』第二十四集、二〇〇二年二月)などがある。

(11) 中国旅行から戻って芥川が執筆した小説「馬の脚」[大正十四年(一九二五)]は、北平を舞台とするものの、内容および語りにおいて作者は中国の内側には踏み込んでいないと思われる。

(12) 中島の同時代の中国や朝鮮にたいするまなざしは、渡邊一民著『中島敦論』(みすず書房、二〇〇五年三月)、『中島敦――生誕一〇〇年、永遠に越境する文学』(Kawade道の手帖、河出書房新社、二〇〇九年一月)などで再評価されている。

(13) 「訳詩・四」(『中島敦全集 第一巻』、ちくま文庫、一九九三年一月第一刷、二〇二一年第二十刷)四六二頁。本稿では、一九七六年刊行の筑摩書房版第二次『中島敦全集』を底本とする、ちくま文庫版全集から文章を引用した。

(14) 「D市七月叙景(一)」(同前)三六〇頁。

(15) 「D市七月叙景(一)」(同前)三六七頁。

(16) 「北方行」(『中島敦全集 第三巻』、ちくま文庫、一九九三年五月第一刷、二〇一二年第十刷)一八八頁。

(17) 「北方行」(同前)一八九頁。

(18) 中島の郭沫若への興味に関する研究には、閻瑜「『北方行』に垣間見える中島敦の郭沫若への関心」(『お茶の水女子大学中国文学会報』第四十三号、二〇二四年四月)などがある。

(19) 「朱塔・杭州の歌」(『中島敦全集 第一巻』、ちくま文庫)四三一頁。「以下、西湖上スケッチ」という附記がある。

(20) 「朱塔・杭州の歌」(同前)四三三~四三四頁。「於滬杭甬鉄路車上」という附記がある。

# 第十二章

## 嵯峨朝の女流詩人・有智子内親王
### ――その作品の教材化の可能性を考える――

濱田　寛

### 一、はじめに

雨晴庭上竹風多　　新月如眉繊景斜
深夜貪涼窓不掩　　暗香和枕合歡花

雨晴れて庭上竹風多し　　新月眉の如く繊影斜めなり
深夜涼を貪りて窓掩はず　　暗香枕に和す合歓花

「夏夜」と題する右の一首は、江戸時代の女流漢詩人として、そして文人画家としても著名な江馬細香（一七八七〜一八六一）の『湘夢遺稿』所収の作品である。この詩は、高等学校の教科書に採択された「女流」漢詩作品の嚆矢にして、唯一の作品である。桐原書店『探求　古典探究　漢文編』は、この作品を含む四首の日本漢詩作品の学習目標として「日本の漢詩の歴史と特色について理解する」ことを「評価基準案」において示している(1)。「日本の漢詩の歴史と特色」の学習において、これらの「新しい」素材による豊かな「探求」の可能性に期待する一方で、「女流」漢詩人の作品の採択によって、「女流」漢詩人ならではの感受性に基づく表現世界の探求と理解、そして広く文化史として「女流」の漢詩人の存在に対する新しい眼差しへと誘う興味深い教材であるといえよう。
中国・日本を問わず、「漢詩」の担い手として「男性」の作者を想定するのが従来の理解として一般的であろう。殊に平安期の時代状況として、女流の「仮名」による作品と、「真名」による男性の作品という、いわば二項対立的な枠組みで理解するのが、我が国の文学史の理解として広く浸透している状況にあるといえよう。一方で、清少納言や紫式部の作品に中国古典に対する深い教養が看取されることは改めて指摘する必要はないであろう。

かかる状況を巡っては夙に大曽根章介氏は「当時の風潮が女性を漢詩の世界から排斥した」と述べ、その「風潮」とは「仮名の発達と和歌の流行」にあり、平安初期における「漢詩文黄金時代」に対して「私的な位置にいた女性を次第に漢詩の世界から遠ざけた」とされ、「漢詩文以外に表現すべき文学様式を持たなかった」平安初期においては、「公主や宮廷女性までが、詩宴に列し男性に伍して才筆を揮ったのも自然の帰趨であろう」として、この時代の女流の詩人を「閨秀詩人」と表現している。[2]

大曽根氏の顰みに倣えば、「仮名」の発達以前においては女流の漢詩人の存在は「自然の帰趨」であり、むしろ「仮名」による表現形式を得たことによって、宮廷女性の活躍の場が漢詩から排斥されることになったと理解することができる。大曽根氏の所謂「漢詩文黄金時代」とは、広くは「平安初期」ということになるが、その最盛期を嵯峨天皇の「弘仁時代（八一〇～二三）」とされ、淳和・仁明天皇の時世もその延長上にあるとされたが、これは恐らくは大江匡房「詩境記」（『朝野群載』巻三所収）の「我朝起二於弘仁承和一、盛二於貞観延喜一、中二興於承平天暦一、再昌二於長保寛弘一。」が念頭にあったかと推測される。[3]

この「弘仁期」における特筆すべき女流漢詩人として、有智子内親王の漢詩について考察し、日本人による「日本漢詩」の歴史と特色を理解する一助として、その作品の教材化の可能性を探ってみたい。

## 二、有智子内親王の生涯と作品について

有智子内親王（八〇七～八四七）は嵯峨天皇を父に、交野女王を母として生まれた。『続日本後紀』承和十四年（八四七）十月廿六日条の薨卒伝には「頗渉二史漢一。兼善属レ文。」とあって漢籍の知識に裏打ちされた「文（漢詩）」を詠作する人物であったと記されている。弘仁十四年（八二三）二月（『類聚国史』巻三一・天皇行幸下によると「廿八日」）に斎院で行われた花宴の際に詠じた詩一首を掲載している。有智子内親王は初代の賀茂斎院であることが知られるが、この賀茂斎院の設置については、『賀茂斎院記』（『群書類従』所収）に、「嵯峨天皇与二平城天皇一。昆弟之情不レ睦。故為二祈願一特設二斎院一。使二皇女有智侍一焉。」とあり、嵯峨天皇とその兄である平城天皇との間の確執（平城天皇退位後の平城京遷都の動きに対する牽制、平城上皇と嵯峨天皇との所謂「二所朝廷」の対立を経て、大同五年（八一〇）の「薬子の変」（近年では「弘仁の変」「平城太上皇の変」とも）に至る政変における勝利）を踏まえて設置されたものであることが知られている。有智子内親王は四十一年という生涯において、賀茂斎院としての供奉は大同五年（弘仁元年）四月の賀茂斎院制度の創設から、淳和天皇天長八年（八三一）十二月九日までの二十一年に及んだ。薨卒伝に記された弘仁十四年の嵯峨天皇の斎院行幸での花宴は斎院就任から十三年後のことであった。

ここで有智子内親王の現存する作品とその所在について一覧しておきたい。有智子内親王の詩は全て十首、その詳細は以下の通りである。(4)

○『経国集』巻十「楽府」

・三品有智子公主奉和巫山高一首　・公主奉和關山月一首

○『経国集』巻十一「雑詠」

・三品有智公主奉和春日作一首　　・公主賦新年雪裏梅花一首

○『経国集』巻十三「雑詠」

・公主奉和除夜一首　　・公主山霽賦初雪一首

○『経国集』巻十四「雑詠」

・公主奉和漁家二首【其一】　　・公主奉和漁家二首【其二】

○『雑言奉和』

・奉和聖製江上落花詞

○『続日本後紀』承和十四年十月廿六日条・薨卒伝所引

・春日山荘【勒韻。探得塘光行蒼。】

有智子内親王の現存する作品は右の十作品のみということになるが、これらの作品の中から、「古典探究」における新たな教材の可能性を探るのが本稿の目的ということになる。

## 三、有智子内親王の作品を巡る研究動向

前節で紹介した有智子内親王の作品について、まずは江戸時代の評を押さえておこう。有智子内親王の漢詩について言及した作品としてはまず林鵞峰『本朝一人一首』が挙げられる。林鵞峰は、『経国集』巻十所載の「巫山高」を引用して、以下のように評している(5)。

林子曰。有智子者嵯峨帝皇女也。其所作見㆓経国残編㆒者数篇。又雑言奉㆑和㆓聖製江上落花詞㆒二十句伝㆓于世㆒。律詩一篇見㆓国史㆒。非㆓尋常墨客所㆒㆑及也。雖㆑擬㆓烏孫公主・班婕妤㆒、恐不㆑為㆓過論㆒乎。本朝女中無双之

秀才也。

以上に続けて「国史」すなわち『続日本後紀』の薨卒伝の全文を引載している。林鵞峰は有智子内親王を烏孫公主・班婕妤に擬すとも誤ってはいないであろうと述べ、本朝の女流漢詩人における「無双の秀才」と激賞している。烏孫公主は『漢書』巻六六下（西域伝）烏孫国伝に見える、漢の元封年間、烏孫国の昆莫に嫁した公主（実は江都王建の女細君を「公主」と偽る）のことで、「吾家嫁レ我兮天一方。遠託二異国一兮烏孫王。穹廬為レ室兮旃為レ牆。以レ肉為レ食兮酪為レ漿。居常土思兮心内傷。願為二黄鵠一兮帰二故郷一。」という悲愁の詩を詠じ、武帝の心を動かして以後隔年に使者を使わして帷帳・錦繍を公主に賜ったと伝わる（『楽府詩集』所載）。また、班婕妤は前漢の成帝の側室で、越騎校尉班況の娘である。成帝の寵愛を得ていたが、後に趙飛燕に愛情が移ると「怨歌行」を作ったとされ、その作品は、『文選』『玉台新詠』『楽府詩集』等に収録され、人口に膾炙した。その詩は「新裂斉紈素。鮮潔如二霜雪一。裁為二合歓扇一、団団似二明月一。出二入君懐袖一。動揺微風発。常恐秋節至。涼飆奪二炎熱一。棄二捐篋笥中一。恩情中道絶。」であり、寵愛を失った女性をモチーフとした作品において扱われることになる人物である。烏孫公主・班婕妤そして有智子内親王の三者は、女性であることで得られた詩境を表現している点において、高い評価が与えられているといえよう。

また、江村北海は『日本詩史』に有智子内親王を挙げて、「内親王有智子、弘仁帝第三女、幽貞之質、錦繍之才、古今罕儔。」と述べ、『続日本後紀』記載の「春日山荘」詩の全文ならびに「巫山高」の結句を引用して、「殊初唐遺響」と評している。[6]

両者において共通して挙げられている作品は、『経国集』所収「巫山高」、『続日本後紀』薨卒伝所載「春日山荘」の二首であった。

次に現代における研究の動向を紹介する。

まずは有智子内親王の作品に対する研究として、前掲の大曽根氏の先鞭的な研究以降、小島憲之氏は『上代日本文学と中国文学』下巻において有智子内親王の作品を「平安初期」の詩の位相の中で考察された。[7] 小島氏は続けて『雑言奉和』の注釈を『国風暗黒時代の文学　中（下）Ⅰ』に発表され、[8]『経国集』巻十以下に収録された詩の注釈を『国風暗黒時代の文学　中（下）Ⅱ』以降に刊行されている。[9]

小島氏による有智子内親王の作品への施注を承け、以降の研究においては、有智子内親王の「漢詩」をめぐる作品論が探求されてきたといえる。所京子氏は有智子内親王の全作品を小島氏の注釈を丁寧に押さえつつ、その特徴を整理されている。[10]

この傾向は寺田隆信氏と若林力氏の研究においても継承されているといえる。それぞれに有智子内親王の全作品に対して丁寧な解説を試みている。[11]

以上のような状況にあって、次節において、有智子内親王の作品を巡り、作品の内包する問題点を具体的な作品を素材として些か論点を整理するとともに、「古典探究」の教材としての可能性を探ってみたい。

## 四、有智子内親王「関山月」を巡って

『経国集』巻十所収の「楽府」、「関山月」を検討する。この詩は詩題に「五言奉和関山月【太上天皇在祚】」とあり、嵯峨上皇が在位の際に詠じた御製「関山月」に唱和した作品である。『経国集』では有智子内親王の作品に続けて菅原清公と滋野貞主の同題の作品を収録しており、嵯峨天皇の御製に対する三名の奉和詩が残るものの、嵯峨天皇の御製は伝わっていない、という状況にある。

以下に有智子内親王の詩を掲げる（本文ならびに書き下し文は小島氏前掲書に依る）。

皎潔関山月　流光万里明
懸珠露葉浄　臨扇霜華清
寒雁晴空断　狐猿暁峡鳴
那堪空閨妾　未慰相思情

皎潔たり関山の月　流光万里明らけし
珠を懸くるの露の葉浄し　扇に臨む霜の華清し
寒雁晴れし空に断ゆ　狐猿暁の峡に鳴く
那ぞ堪へむ空閨の妾　未だ慰めず相思の情

首聯、国境地帯の関山を月光が白く清らかに照らし、その光は万里の彼方まで遠く明らかに照らしている。「関山」とは国境地帯の山々の謂いで、特定の山の名称ではない。この二句において国境地帯の山地を皎皎と照らす月を表現している。

頷聯、第一聯の遠景から転じて月明かりに照らされた眼前の景色が対句によって描写される。葉の上に置かれた露が月光によって白く輝く珠となり、扇には霜がおりてそれが凍って霜の華となる。ここまでの四句には前掲の班婕妤「怨歌行」の表現が巧みに取り入れられている。

頸聯、寒い空を翔て飛ぶ雁は晴れ渡った秋の空の彼方へと消え、仲間とはぐれた猿が暁の山峡に鳴いている。「孤猿」のモチーフについては、小島氏によれば楽府「関山月」に例を見ず、むしろ楽府「巫山高」のモチーフであるとする。これは有智子内親王が「暁峡」という表現から「巫峡」を聯想したものと推測されている。従うべきであろう。

尾聯、出征して未だ帰らぬ夫を空しい「ねや」で待つ「妾」はどうしてたえられようか、夫を思う心を慰め得ずにいる。小島氏は「空閣」を「空閤」に作る本があることを指摘し、また「空閨」の誤を疑っている。しかし当該箇所の平仄に従えば、「空閤」「空閣」の「閣」「閤」はともに入声であるため「仄声」となり適合するが、「空閨」に作ると「閨」字は平声であるから、「堪」字とともに「平声」となり「二四不同」を犯すことになる。従って当該箇所は「空閨」とすべきも平仄の調整のため、『作文大体』における「平他同訓字」と同等の処理がなされたと見るべきで、「空閣」「空閤」をもって「空閨」の意で了解すべきであろう。

以上の理解を踏まえると、当該詩は「閨怨詩」の様相を帯びているという印象を強く与える作品であるということになる。この点について中村佳文氏は当該詩の「妾」という一人称表現に注目され、『文華秀麗集』「怨情」に収載される「奉和春閨怨」詩等における「妾」の語の使用の考察により、「妾」という人称表現の使用を「女性への同化」と捉え、嵯峨朝閨怨詩の特徴として「「(男性漢詩人の)女装」(女性同化)」を指摘されている。[12]

ただし、本作品を直ちに「閨怨詩」と捉える前に検証すべき課題が残されている。この点が「古典探究」の教場における素材としての難しさと、一方での日本漢詩の特徴的な側面の学びが期待されるところとなる。それは本作品が「関山月」という「楽府題」の作品であるという点にある。

「楽府題」の作品の理解において、北宋・郭茂倩『楽府詩集』を繙くのが定石である。この『楽府詩集』巻二三「横吹曲辞」の楽府として「関山月」を挙げ、唐・呉兢『楽府解題』を引用して、「関山月。傷二別離一也。」とある点に注目し、本楽府題の本意を「傷二別離一也」と理解するのが前提となる。尚、呉兢(六七〇~七四九)は『貞観政要』の撰述で著名な人物であるが、『楽府解題』の我が国への将来は『日本国見在書目録』において確認が取れないため、嵯峨朝における「楽府題」の理解の源泉として、『楽府解題』は徴証を取ることが困難な状況にあると言わざるを得ない。

増田清秀氏は『楽府の歴史的研究』において、「関山月」の楽府題について以下のように述べている。[13] 増田氏は「関山月」という梁代に新曲として制作された楽府について、漢魏時代の古い横吹曲であった「関山」に触発された作品であること、相和歌に属する古曲「度関山」に取材した作家が出たこと、この二点を動機としたものと推測されている。「関山月」を作辞した作家は、梁の元帝と、梁に出仕していた王褒の二人で、「関山月」という命名もこの両名のいずれかであろうと指摘された。この「関山月」のモチーフについては、王褒の作品の分析によって、天上の月が戦地の軍事行動を照らす、「戦場の月」にあると述べている。楽府には「月」をモチーフにした楽府題として「月重輪行」「明月篇」「朗月行」「明月照高楼」等があるが、「戦場の月」を主題としたのは王褒個人の創意であったと指摘する。よって、本楽府題における詠作主体は、戦場に月を見る「男性」であって、その「男性」が抱く郷愁を描くのが本意なのである。

ここで『経国集』に収載された同題で奉和した菅原清公と滋野貞主の詩を「参考」としよう。まず菅原清公の詩―

関山秋宿月　夜冷月弥清
影共征輪満　光含旅鏡明
龍城照雲陣　雁塞□星営
還入高楼裡　空催思婦情

関山秋の宿の月　夜冷しく月弥清けし
影は征輪と共に満つ　光は旅鏡を含みて明らけし
龍城雲陣を照らす　雁塞星営□
還高楼の裡に入り　空しく思婦の情を催さしむ

続けて滋野貞主の詩―

戍上孤明月　恒将太白看
弓彎漢卒臂　□挂胡児鞍
□障鼓声死　伍営兵気寒
嫦娥如有意　応照妾汍瀾

戍上孤なる明月　恒に太白と看る
弓を彎く漢卒の臂　□を挂ぐ胡児の鞍
□障鼓声死く　伍営兵気寒し
嫦娥如し意有らば　応に妾が汍瀾を照らすべし

ともに「閨怨詩」の主題に及ぶ表現（傍線部）が見られるが、一方で、増田氏の述べる「戦場の月」については、両者ともに首聯・頷聯・頸聯において丁寧に表現していることが明らかである。この点において有智子内親王の詩と比較すると、有智子内親王の詩においては「戦場の月」のモチーフは首聯に尽きており、頷聯において「珠」や「扇」など、すでに指摘のある通り、班婕妤「怨歌行」を経た表現世界となっている。この辺りの状況について、大曽根氏は「夫を想い空閨に泣く女子の心情を賦す」とし、「この詩の前半は関山の上に懸る月は万里の沙漠を照らし、地上には露や霜が降りて荒涼落寞とした辺境の光景を評している」と述べ[14]、「辺塞詩」の主題を看取されている。また、若林氏は「同じときに奉和した菅原清公と滋野貞主の作品と対照してみると、二人の作品はそれぞれ、遠く異郷に兵士として出征した男性が故郷に残してきた妻を思いやる気持ちを歌ったものであるが、どこかしっくりこない、不自然さがうかがわれる」と述べ、対する有智子内親王の作については、「辺境の満月の光景を写し出した後に、秋空を飛び去る雁の鳴き声や、狭間に叫ぶ孤猿の声に心を痛め、さらに夫の帰りを待つ空閨の女性の情におもいを馳せて、夫を出征させた女性のやるせない思いを率直に歌っている」と高く評価している[15]。

しかし、依然として問題となるのは、楽府題「関山月」をあたかも「閨怨詩」として詠むということの可否の問題であろう。先行研究はこの点について言及せず、有智子内親王の「閨怨詩」的な表現を高く評価している如きである。

この問題は、『経国集』に収録された三首の詩が、楽府題「関山月」によって詠じられた作品ではなく、嵯峨天皇の「関山月」詩に唱和したものである、という点を再考することを求めていると論者は考える。

嵯峨天皇の「楽府」への関心が高かったことが推測されるのは、『経国集』巻十における「楽府題」の詩への奉和詩の存在ばかりでなく、『文華秀麗集』における楽府題の作品を詠作している事実からも明らかである。川口氏は「文華秀麗集に楽府体の塞下曲・塞上曲・長門怨・折楊柳・王昭君・婕妤怨・巫山高・関山高・梅花落などが続出しており、このような六朝艶詩の系統をひきながら、新しく展開した恋愛抒情の作品が多く存在することは雑言体の存在とともに注意すべき勅撰漢詩の特色といえる」と指摘された[16]。嵯峨天皇の御製が必ずしも現存している状況にはないものの、それでも奉和した詩の存在によって間接的にその嵯峨天皇の楽府詩の表現世界が理解可能な状況にあるといえよう。

嵯峨天皇が楽府題「関山月」を学んだ「経路」としては、先に指摘した『日本国見在書目録』における著録状況を踏まえると、『玉台新詠』あるいは『文選』（巻二七・八）が想定されるが、川口氏が指摘した実際に詠作された楽府題詩を網羅できる作品として『芸文類聚』巻四二「楽府」条が最も可能性が高いと推測される。増田氏が指摘された「関山月」の作者たる梁の元帝ならびに王褒の「関山月」の詠法を確認しておきたい。

梁の元帝の詩（『芸文類聚』巻四二・楽部二・楽府／梁元帝「関山月」）―

朝望清波道　夜上白登台　　朝に望む清波の道　夜上る白登台
月中含桂樹　流影自徘徊　　月中桂樹を含み　流影自ら徘徊す
寒沙逐風起　春花犯雪開　　寒沙風を逐ひて起り　春花雪を犯して開く
夜長無与晤　衣単誰為裁　　夜長く与に晤ふ無く　衣単誰が為に裁たむ

王褒の詩（『初学記』巻一・月第三／周王褒「関山月」詩）―

関山夜月明　愁色照孤城　　関山夜月明らかに　愁色孤城を照らす
半形同漢陣　全影逐胡兵　　半形漢陣に同じく　全影胡兵を逐ふ　＊「半形」、『楽府詩集』作「影虧」。「全影」、『楽府詩集』作「輪満」。
灰寒色転白　風多暈欲生　　灰寒色転た白く　風多く暈生ぜんと欲す　＊「灰」、『楽府詩集』作「天」。
寄言亭上吏　遊客解鶏鳴　　言を寄す亭上の吏　遊客鶏鳴を解くす

梁の元帝の「関山月」は『初学記』には見えないが、王褒の「関山月」は、『芸文類聚』に引載されず、『初学記』には見えるという状況である。嵯峨天皇や同時代の詩人たちが二つの類書の全く異なる項目に引載されている「関山月」の双方からこの楽府題の主題を学んだとするのは若干の無理があるが、王褒の「関山月」の「詩」（『初学記』は当該作品を「詩」として引用している）が「月」の部立に採録されていることは、「関山月」の主題を「戦場の月」とする増田氏の指摘を補強するものであろう。

両者の詠法を確認すれば、この「関山月」には「閨怨詩」のような女性の立場を詠作主体とする手法は用いられていないことは明らかである。ここに『経国集』所収の三首の「関山月」の奉和詩の問題の所在が明らかになる。それを整理するならば、嵯峨天皇が学んだ楽府「関山月」は恐らくは梁の元帝のものであったと推測されるが（奉和詩と元帝の詩の語彙の類似性は一目瞭然である）、この「関山月」に「閨怨」の主題を持ち込んだのは嵯峨天皇の御製であり、それ故に菅原清公ならびに滋野貞主の「詩」において、若林氏の指摘する「不自然さ」、ある種の「違和感」を生ぜしむる原因となった。両名の詩の表現に「ためらい」とも評すべき逡巡が見られるのは、「関山月」のテーマからの乖離が意識された可能性がある。端的に言えば、両名の詩の首聯から頸聯までが「戦場の月」を、兵士（すなわち「男性」）の視点から描き、最後の尾聯において、滋野貞主が「妾」と明記しているように、「女性」の視点から「閨怨詩」のテーマが表現されているという構造になっている、ということになる。一方で「関山月」の楽府題の本意に従うと、有智子内親王は勿論のこと菅原清公以下の唱和詩は、出征した男の立場から国境地域の山を照らす月を詠み、そこから望郷の念を述べる構造にならざるを得ない。かかる状況を、嵯峨天皇の御製における「関山月」の「閨怨」詩への「転換」、ないしは、嵯峨天皇の「楽府題」の誤解として捉えるのではなく、有智子内親王への配慮あるいは導きとして捉えてみたいところである。「戦場の月」を詠む「関山月」を「閨怨詩」に詠んだ嵯峨天皇の趣意は、有智子内親王の「女性」としての表現世界を導くことにあったのであり、菅原清公・滋野貞主の「ためらい」こそ、嵯峨天皇の趣意を理解する雄弁な根拠であり、また嵯峨天皇の御製が収録されないことの事情を推測せしむる点である。

教場における授業展開においては、有智子内親王の詩を中心として、「楽府詩」における「楽府題」の理解、菅原清公・滋野貞主の詩における詠作主体の分析を通して、その特徴を抑えることが一つの課題となるであろう。

## 五、おわりに

以上、有智子内親王の「関山月」を巡って、楽府題としての探究と、時を同じくして奉和された菅原清公と滋野貞主の作品との「比較読み」の実践を念頭に述べてきた。本稿における論点は、楽府としての「関山月」の主題は「戦場の月」を男性の視点で描きつつ、望郷の念を詠じる構造となるが、『経国集』所収の嵯峨天皇御製の「関山月」（散逸）において「閨怨詩」の主題が導入されるという構造になっていたことによって、その奉和詩が「閨怨詩」のテーマを継承することになってことを述べ来たった。最も重要な論点は、「関山月」を直ちに「閨怨詩」と捉えるのではなく、嵯峨天皇が介在して有智子内親王の奉和を誘う配慮としての可能性をそこに捉えてみたところにある。

如上、やや煩雑な整理を試みたが、これを「古典探究」における教材としての可能性を探ってみたい。本作品の鑑賞において、漢詩作品における「詠作主体」の設定についての新たな視点が開かれることになろうか。また、平安初期における「漢詩文黄金時代」における有智子内親王という希有な女流詩人の存在と、自らの御製によって表現世界に導き、その作品を温かく見守る父嵯峨天皇の関係性を理解する時、有智子内親王の「漢詩」における表現の在り方を理解する一助となるのではないだろうか。

**注**

（1）桐原書店『探求　古典探究　漢文編』・［古探七二二］・二〇二三年二月二十五日。本教科書において、三七頁～四〇頁に義堂周信「対花憶昔」、頼山陽「題不識庵撃機山図」、江馬細香「夏夜」、中野逍遥「思君」の四首の作品を「日本の漢詩」として採択している。

(2) 大曽根章介氏「平安初期の女流漢詩人―有智子内親王を中心にして―」（久松潜一編『日本女流文学史 古代・中世篇』同文書院、一九六九年三月）。後に『大曽根章介 日本漢文学論集』第二巻（汲古書院、一九九八年八月）に再録。

(3) 吉川弘文館『新訂増補 国史大系 朝野群載』一九九九年六月、六十五頁。猶、後藤昭雄氏は「嵯峨天皇と弘仁期詩壇」（九州大学国語国文学会『語文研究』二十八号、一九七〇年五月）において、嵯峨天皇が弘仁期詩壇の第一人者とする従来の研究を踏まえ、嵯峨天皇の勅によって成った『凌雲集』と『文華秀麗集』の二集の性格が、前者が経国的性格、後者が文芸至上主義的傾向を持つ、という従来の評価に対して、弘仁期詩壇の底流をなす経国的文学観を生み、『凌雲集』『文華秀麗集』にそれぞれの性格を付与したという点において嵯峨天皇の再評価を試みている。

(4) 現存する有智子内親王の漢詩は、本文に掲げた十首ということになる。市川寛斎撰『日本詩紀』巻之四に採録するものと一致する。

(5) 林鵞峰『本朝一人一首』巻之三に掲載。小島憲之校注『本朝一人一首』（岩波書店、新日本古典文学大系所収、一九九四年二月）九十六頁参照。

(6) 江村北海『日本詩史』巻之二に掲載。大谷雅夫校注『日本詩史』（岩波書店、新日本古典文学大系所収、一九九一年八月）八十頁参照。

(7) 小島憲之氏『上代日本文学と中国文学 下』（塙書房、一九六五年三月）。第七篇「奈良朝文学より平安初頭文学へ」・第二章「平安初期に於ける詩」の（四）「勅撰詩集の表現」の各論において、有智子内親王の『経国集』所収作品についての考察がなされている。

(8) 小島憲之氏『国風暗黒時代の文学 中（下）Ⅰ』（塙書房、一九八五年五月）。『雑言奉和』に収録された有智子内親王の詩の注釈については一九九三頁～二〇〇四頁参照。

(9) 同『国風暗黒時代の文学 中（下）Ⅱ』（塙書房、一九八六年十二月）は『経国集』巻十の注釈に宛てられている。有智子内親王の詩の注釈は、「奉和巫山高」は二五四六頁～二五五三頁、「奉和関山月」は二五五九頁～二五六三頁参照。『同 下Ⅰ』（同、一九九一年六月）は『経国集』巻十一の注釈に宛てられている。有智子内親王の詩の注釈は、「奉和春日作」は三〇五二頁～三〇五七頁、「賦新年雪裏梅花」は三一五一頁～三一五三頁参照。『同 下Ⅱ』（同、一九九五年九月）は『経国集』巻十三の注釈に宛てられている。有智子内親王の詩の注釈は、「奉和除夜」は三六二六頁～三六三二頁、「山齋賦初雪」は三六六三頁～三六七一頁参照。『同 下Ⅲ』（同、一九九八年十月）は『経国集』

巻十四の注釈に宛てられている。有智子内親王の詩の注釈は、「奉和漁家【其一】」は四一〇五頁～四一〇八頁、「同【其二】」は四一〇八頁～四一一一頁参照。

(10) 所京子氏「有智子内親王の生涯と作品」(『聖徳学園女子短期大学紀要』巻一一、一九八六年三月)。所氏はまた「賀茂斎院の生活と文学―有智子内親王の漢詩と選子内親王の和歌」(和漢比較文学会編・和漢比較文学叢書第三巻『中古文学と漢文学I』汲古書院、一九八六年十月)において、賀茂斎院における前期を代表する有智子内親王の「漢詩」と、中期を代表する大斎院選子内親王の「和歌」と、それぞれの文学的業績を比較研究した論考がある。

(11) 寺田隆信氏「有智子内親王の詩をめぐって」(『いわき明星大学人文学部研究紀要』第十五号、二〇〇二年三月)、若林力氏「有智子内親王の漢詩」(東京成徳短期大学『東京成徳国文』第二六号、二〇〇三年三月)。その他には「随想」と題されているが、國金海二氏「王朝随一の閨秀詩人―斎院有智子内親王―」(文教大学女子短期大学『文藝論叢』巻三九、二〇一三年二月)がある。また、有智子内親王の事歴についての研究としては、村瀬敏夫氏「有智子内親王考」(早稲田大学文学研究会『漢文学研究』第一号、一九五二年十月)、森岡康氏「有智子内親王」(『東方文藝の會會報』第四号、一九五二年八月)がある。猶、川口久雄氏『平安朝日本漢文學史の研究　上』(明治書院、一九五九年三月)、上篇「王朝漢文学の形成」、第一章第二節「嵯峨天皇と斎院文芸サロン」以下において、有智子内親王の作品への言及がある。

(12) 中村佳文氏「嵯峨朝閨怨詩と素性恋歌―「客体的手法」と「女装」の融合」(勉誠出版『アジア遊学』一八八号「日本古代の「漢」と「和」　嵯峨朝の文学から考える」、二〇一五年九月)二〇四頁。

(13) 増田清秀氏『楽府の歴史的研究』(創文社、一九七五年三月)。本論文においては第二版(一九八一年十一月)二三八頁～二四四頁を参照している。

(14) 大曽根氏前掲論文。『大曽根章介　日本漢文学論集』第二巻、十頁。

(15) 若林氏前掲論文。九十五頁。

(16) 川口氏前掲書。『三訂　平安朝日本漢文学史の研究』上巻(一九七五年十二月)三二一頁。猶、「関山高」は「関山月」の誤、『文華秀麗集』には「巫山高」「関山月」「梅花落」の楽府題詩は収録されておらず、『経国集』に収録されている。

# 第十三章

## 災害詩と狂詩
### ――「古典探究」の教材としての可能性――

荻原　大地

### 一、本稿の目的

二〇一八年告示『高等学校学習指導要領』では「古典探究」が新設され、次のような教育目標が示された[1]。

(一) 生涯にわたる社会生活に必要な国語の知識や技能を身に付けるとともに、我が国の伝統的な言語文化に対する理解を深めることができるようにする。

(二) 論理的に考える力や深く共感したり豊かに想像したりする力を伸ばし、古典などを通した先人のものの見方、感じ方、考え方との関わりの中で伝え合う力を高め、自分の思いや考えを広げたり深めたりすることができるようにする。

(三) 言葉がもつ価値への認識を深めるとともに、生涯にわたって古典に親しみ自己を向上させ、我が国の言語文化の担い手としての自覚を深め、言葉を通して他者や社会に関わろうとする態度を養う。

また、当該学習指導要領では、「古典探究」の「内容の取扱い」の項に「日本漢文を含める」と明記されている。従来の漢文教育が中国古典文学に拠る教材で占められてきた中で、日本漢文を含めることが明記されたのは画期的といえよう。この点については、賛否が分かれるかもしれない。しかし、前野直彬は「漢文」を次のように定義している。

「漢文」とは中国の古典的な文を、中国語を使わずに、直接日本語として読んだ場合、その文に対してつけられた名称である。いきおい外国語という意識は薄くなるので、日本人が日本語を「漢文」風の文体で書いたものも、やはり「漢文」の中に含めて考えられる。(2)

前野の定義を踏まえれば、「漢文」教育において、日本人が日本語を漢文風に書いた日本漢文を扱うことは、何ら不自然なことではない。そして、私は日本漢文にこそ「古典探究」の目標に叶う教材としての可能性が多分に含まれていると考える。

本章では、「古典探究」の教育目標と日本漢文作品を架橋するべく、災害を詠じた漢詩(本章では「災害詩」と呼称する)と狂詩を取り上げ、その教材化の可能性を示したい。

## 二、災害詩の教材としての可能性

江戸時代には地震や疫病が頻発し、その実情を詠じた漢詩が多数残されている。(3)現代日本を生きる教員や学習者にとっても、地震や疫病は遠い過去の出来事ではなく、身近な出来事として存在している。江戸時代の災害を詠じた災害詩は、当時の人々がどのような災害に直面したかを知り、その災害をどのように感じて何を考えたかを読み取り、さらには現代の災害への備えを喚起する教材となりうる。このような観点に基づき、本節では、安政江戸地震を題材とする小野湖山「乙卯十月二日都下大震小詩記レ事」(4)に註解を施した上で、本作の教材化の提案を行いたい。

「乙卯十月二日都下大震小詩記レ事」は、五言絶句が十三首連なる形式を持つ作品である。白文に書き下し・現代語訳・語注を添えて、作品全体を示す。(5)

【一】　一震威何厲　　驀然翻二地軸一
　　家家皆倒摧　　人人盡號哭

一たび震へて威何ぞ厲《はげ》しく、驀然《ばくぜん》として地軸を翻す。
家々皆倒れ摧《くだ》け、人々尽く号哭す。
（ひとたび地震が起きたら、その威力は何と激しいものか。大地を支える軸を急に翻したかのようだ。家々は全て倒されて壊れ、人々は皆号泣している）
○驀然：急に起こるさま。

【二】　震蕩勢未レ休　　繼以二祝融怒一
　　四顧皆炎烟　　逃避竟無レ路

震蕩　勢ひ未だ休《や》まずして　継ぐに祝融の怒りを以てす。
四顧皆炎烟となり　逃避するも竟に路無し。
（地震の勢いはいまだ収まらず、祝融の怒りをもって被害は継続する。辺り一面は炎と煙に包まれ、逃げようとするもとうとう逃げ道がない）
○祝融：中国古代神話上の帝王。のち火神。

○四顧：あたりを見回すこと。あたり一面。

【三】　直疑滄桑變　更見玉石焚
　一死免爲レ幸　其餘何足レ云

直だ疑ふ滄桑変ずるを　更に見る玉石焚くを。
一死を免るるを幸いと為し　其の余り何を云ふに足らんや。
（ひたすら世の中の激しい変化を疑い、さらに良いものも悪いものも共に滅びるのを見る。死を免れたのを幸いとして、それ以上何を言えるだろうか）

○直：もっぱら。まったく。
○滄桑の変：世の中の激しい移り変わり。熟語として「滄海桑田」がある。
○玉石焚：玉石倶焚。玉も石も共に焼け滅びる。善悪・賢愚の区別なく害を受けることの喩え。熟語として「玉石倶焚」がある。

【四】　親朋果安否　一歩一長吁
　震後如二兵後一　尸骸撑二道途一

親朋果たして安んずるや否や　一たび歩めば一たび長吁《ちょうく》す。

震後 兵後の如く　尸骸 道途に撑《み》つ。

（親しい友人は果たして無事だろうか。一たび歩めば一たび長いため息をつく。地震の後は戦争が起きた後のように、死骸があちこちに転がっている）

○長吁：長いため息をつく。
○撑：本来は「ささえる、つっかえ棒をする」の意。一方で「腹がいっぱいになる」の意もある。ここでは死体が道にいっぱいになるの意味に取り、「みつ」と訓じた。

【五】　東舎亡二兒女一　西鄰失二僕奴一
　撥レ灰覓二遺骨一　焦爛無二完膚一
東舎の児女は亡ひ　西隣は僕奴を失す。
灰を撥ひて遺骨を覓《もと》め　焦爛にして完膚無し。
（東の家の幼い子は死に、西の隣家は下男を失った。灰を払ってその遺骨を求めると、焼けただれてしまって無傷な部分は全くない）
○焦爛：焼け爛れる。

【六】　一車載鬼語　常驚易象奇
　誰意眼前事　幾輌堆二死屍一
一車の載鬼語り　常に驚く易象の奇なるに。
誰か意《おも》はんや眼前の事　幾輌も死屍を堆《お》くを。
（車に乗った幽鬼が互いに語る、それはまさに『易経』に記載された現象で、驚かずにはいられない。誰が目の前の出来事を想像できるだろうか、何輌もの車で死骸を高く積むことを）
○堆：高く盛り上がっている様子。
○一車の載鬼：とてもおそろしいこと、危険なことのたとえ。出典は『易経』。「鬼を一車に載す」とも。
○易象：『易経』に現れる現象の意。

【七】　再震指二時日一　訛言東海翻
　人情懐二危懼一　昼夜遽驚奔

再震の時日を指し　訛言 東海を翻す。
人情 危懼を懐き　昼夜 遽《にわ》かに驚奔す。
（再び地震が起きる日時を予言し、流言飛語が東海道中を騒がせる。人の心は危惧を抱き、昼夜を問わず、人々は慌ただしく驚き逃げ回る）
○東海：東海道に跨がる地域。

【八】　章臺千娥眉　甲第万紅袖
　不レ見脂紛香　在在聞二死臭一
章臺 千の娥眉　甲第 万の紅袖。
見ず 脂紛の香を　在在 死臭を聞く。
（章台の千人の美人、甲第の万人の婦人の袖。化粧の香りは感じず、あちらこちらで死臭が漂っている）
○蛾眉：女性の美しい眉。転じて、美人のこと。
○章台：長安市内西南部にあった楼台の名。転じて繁華街、遊郭。
○甲第：立派な邸宅。特に、本邸をいう。上屋敷《かみやしき》。甲宅。
○紅袖：赤い袖。転じて、婦人の衣の袖。
○脂紛：脂粉。紅とおしろい。女性の化粧。

【九】　闔閭多二死傷一　股肱亦推折
　天道是耶非　名公罹二奇厄一
闔閭に死傷多く　股肱も亦た推《お》し折らる。
天道 是か非か　名公 奇厄に罹る。

（大奥でも多くの女性が死傷し、家来や部下も死傷した。はたして天が必ず正しいか分からない。すぐれた君主や公卿たちが不可解な災難に遭うのだ）

○闈閤：寝屋。女子の居間。ここでは大奥の意。

○股肱：主君の手足となって働く、最も頼りになる家来や部下。腹心。

○推折：死傷するの意味。

○天道是耶非：『史記』「伯夷伝」の一節。はたして天が必ず正しいかどうか　わからないということ。

○名公：すぐれた君主。高名な公卿。

【十】　非レ關二邉釁事一　礮臺起二煙塵一

　可レ惜折衝士　枉為二不弔人一

邉釁《へんきん》の事に關はるに非ざるも　礮台 煙塵 起く。

惜しむべし折衝の士　枉りて不弔の人と為るを。

（国と国の境目で起きた紛争に関わることではないが、砲台に煙が起きた。口惜しいことだな。忠勇の士がいたずらに不弔の人となるのは）

○礮：砲の旧字体。

○邉釁：「辺釁」と同義。国境間の争い。

○折衝：やってきた敵をくじく忠勇の士。熟語として「折衝之臣」がある。

○枉る：ゆがめる。不当に扱う。いたずらに。心のまがった人。

○不弔：人の不幸を思いやらない。

【十二】　頻年多二災變一　誰歟知二戒懼一

異端蠹二人心一　一概付二天數一
頻年災変多し　誰か戒懼を知らんや。
異端人心を蠹《むしば》み　一概に天數に付く。
（近年、天災地変が多い。誰が過ちを犯さない心がけを理解しているだろうか。いや、誰も理解していない。異端者は人の心を害し、おしなべて自然の成り行きに任せる）
○蠹：内部にあって、物事を害するもの。内部で害毒を与えるもののたとえ。
○天数：天命。自然の成り行き。

【十二】　昇平人盡困　而況罹二奇災一
救援應レ有レ策　廟廊足二賢才一
昇平にすら人尽く困《くるし》む　而も況や奇災に罹るをや。
救援 應に策有るべし　廟廊に賢才足る。
（平時ですら人々は皆困窮する。ましてこのような大災害では尚更だ。救援にはきっと妙策があるだろう。幕府には賢才が多いのだから）
○昇平：世の中が平和でよく治まっていること。

【十三】　事極則生レ謀　禍轉便成レ福
此理豈難レ知　君看剥與レ復
事極まれば則ち謀を生じ　禍轉ずれば便ち福と成る。
此の理豈《あに》知り難からんや　君看よ剥と復とを。
（事態が極限に達した時に謀を生かす。禍転じて福となる。どうしてこの理を理解できないだろうか。いやきっと理解

できるだろう。見よ、剥卦と復卦を)
○事極則生謀:『鬼谷子』「謀篇」を踏まえた表現。
○剥與復:剥は『易経』の二十三卦「剥卦」。復は『易経』の二十四卦「復卦」。ここでは、災害からの復興の意か。

本作の内容は、第一・二首が震災発生の様子、第三~八首が震災後の人々の様子、第九~十二首が政治的混乱、第十三首が復興への希望と、おおまかに区切ることができる。

第一首では、大地震発生直後の様子が描かれ、続く第二首では地震後の火災が描かれる。大正時代の関東大震災において、地震後の火災が被害を拡大させたことは現代でも知られている。この二首からは、江戸時代の安政地震においても、地震後の火災が被害を拡大させる様子が読み取れる。

第三首では、身分の上下や貧富にかかわらず、地震の大きな被害を受ける中で何とか生き延び、そのありがたさに言葉が出ない生存者の心境が語られる。

第四首以降は、生存者の視点に立った周囲の惨状が主題となる。第四首は親しい友人を訪ね求める中で、まるで戦争後のように遺体が転がっている風景、第五首は近所の人たちが親しい人々を亡くし、満足な遺体さえも見つけられない様子、第六首は多くの遺体が運ばれていく様子、第七首は余震のデマが広まる様子、第八首は華やかな繁華街も壊滅した様子がそれぞれ詠じられる。いずれの句も簡潔明瞭な表現でありながら、その描写は真に迫っており、読者に強い印象を残す。なかでも、第七首の災害後の流言飛語の発生は、現代の災害をめぐる社会状況とも近似しており、江戸時代でも現代社会と同様の問題が生じていたことが読み取れよう。

第九首は為政者側の人的被害、第十首は地震に伴って治安が不安定になる様子、第十一首では社会に大混乱が生じている様子が詠まれ、第十二首では為政者への皮肉が詠み込まれる。(6)これらの政治的な混乱を詠んだ句が続いた後、最後の第十三首では復興への希望が語られ、本作は閉じられる。

本作の一連の内容は、まるで現代の震災とその社会状況を詠んだのかと思わせるほどの写実性があり、感情表現をほとんど用いていないにもかかわらず、震災に直面した人々の心情がたくみに詠み込まれている。学習者にとっても地震という身近な災害を扱った内容であり、漢詩の内容を自分事として引きつけて理解しやすい。本作の内容を読み取っていくだけでも、「古典探究」の掲げる「深く共感したり豊かに想像したりする力」の育成に資するだろう。

さらに、本作は「古典探究」に関わる言語活動へも応用しやすい。例えば、学習指導要領に示された言語活動例のうち、「ア　古典の作品や文章を読み、その内容や形式などに関して興味をもったことや疑問に感じたことについて、調べて発表したり議論したりする活動」であれば、第一首・第二首の内容から二次災害の危険性を調べて発表する、あるいは第七首の流言飛語の発生に注目して災害時の情報リテラシーについて議論するといった言語活動が可能である。また、「オ　古典の作品に関連のある事柄についてさまざまな資料を調べ、その成果を発表したり報告書などにまとめたりする活動」であれば、本作の題材である安政江戸地震と現代の災害を比較してまとめる、「キ　往来物や漢文の名句・名言などを読み、社会生活に役立つ知識の文例を集め、それらの現代における意義や価値などについて随筆などにまとめる活動」であれば、古今東西の災害や防災に関する名句名言の冊子を作成して批評し合うといった言語活動が考えられる。

以上の通り、災害詩は学習者がその内容を身近な内容として捉えやすい内容であり、授業者側も「古典探究」の目標と言語活動に対応した形で、さまざまな形の授業を展開しやすい。災害詩は「古典探究」の教材として比較的活用しやすい漢文作品といえるだろう。

ただし、災害詩は地震を扱う内容だけに、例えば、東日本大震災の被災者となった学習者がいる環境では一定の配慮が求められる。このように、扱いに留意する場面はあるものの、過去の災害を学び、防災意識を高める機会を学校教育内で担保することは極めて重要である。実社会につながる漢文教育という観点からも、災害詩を扱うことを恐れてはならないと考える。

## 三、狂詩の教材としての可能性

狂詩とは「ごく通俗卑近な題材をとって戯作された漢詩文の類を中心とする」ものである。(7) 江戸時代には狂詩が盛んに作られ、数多くの作品が残されている。そのなかでも、国語科教科書における定番の漢詩を踏まえた狂詩は、複数の作品を読み比べて考察する「比較読み」の教材として扱いやすいと思われる。ここでは、『唐詩選』を踏まえた太田南畝の狂詩作品を三首取り上げたい。(8)

### (一)『通詩選笑知』「悦喜」

襟碧顔逾白　袖長裾欲レ踏
春章看又画　何子是目好

襟碧にして顔いよいよ白く　袖長うして裾踏まんと欲す。
春章看《み》す又画す　何れの子が是目好《めす》き。

（襟は深緑で顔はひときわ白く　袖は長くて、裾も踏まんばかりに長い。春章はみるみるうちにまた描く　どの子がお気に入りなのだろうか）

○春章：勝川春章。浮世絵師。勝川派の祖。
○目好：見て気に入ること。

〈典拠〉『唐詩選』「絶句」杜甫

江碧鳥逾白　山青花欲然
今春看又過　何日是帰年

江碧にして鳥いよいよ白く　山青くして花然《も》えんと欲す。
今春看す又過ぐ　何れの日か是帰年ならん。

この狂詩は、『唐詩選』「絶句」を踏まえた狂詩である。両者を見比べると、「碧」「逾」「白」「欲」「看」「又」「何」「是」といった文字とその配置が共通しており、その訓読も似通っている。しかし、その内容に注目すると、『唐詩選』「悦喜」は、前半二句で自然の景色を詠まれ、後半二句では杜甫の帰郷への想いが詠まれるのに対して、『通詩選笑知』「絶句」では、前半二句で美しい女性の姿を詠み、後半二句で浮世絵師の勝川春章が女性の姿を描く様子から「いったいどの女性が好みなのだろうか」と茶化す内容へと読み換えられている。『通詩選笑知』「悦喜」は、『唐詩選』「絶句」の雅な世界観を江戸時代当時の卑俗な世界観へと詠み換えた狂詩なのである。

### ㈡ 『通詩選笑知』「勧レ醴」不風雅

勧レ君三国一　甘酒不レ須レ辞
胸焼皆迷惑　先生無二別儀一

君に勧む三国一　甘酒辞することを須いず。
胸焼けて皆迷惑　先生別義無し。

（君に勧める、この三国一を。この甘酒を断ってくれるな。胸焼けしてみんな迷惑しているが、先生は差し支えがない）

○三国一：甘酒。

○別儀：具合の悪いこと。差し支え。

〈典拠〉『唐詩選』「勧レ酒」于武陵

勧レ君金屈卮　満酌不レ須レ辞
花発多二風雨一　人生足二別離一

君に勧む金屈卮　満酌辞するを須いず。
花発《ひら》けば風雨多く　人生別離足る。

①の狂詩同様、『唐詩選』を踏まえた狂詩である。両者を見比べると、詩題が極めて似通っているだけでなく、「碧」「勧レ君」「不レ須レ辞」「生」「別」といった文字とその配置が共通し、その訓読も似通っている。内容は、『唐詩選』「勧レ酒」では親しい友人に金屈卮へ注いだお酒を勧めつつ、ある種の人生観が披露されているのに対して、『通詩選笑知』「勧レ醴」では、先生が周りに甘酒を強いるため、周囲の人々が内心迷惑に思っている様子が詠まれる。この狂詩も「勧酒」の雅な世界観を卑俗な世界観へと詠み換えたものである。

### 三　『通詩選諺解』「早発二悪態言一」

朝衝悪態障人間　千里口論一日頒
両町侠声鳴不レ住　喧嘩已過棒撞顔

早に悪態言を発す。
朝《あした》に衝く悪態障人《しょうにん》の間　千里の口論一日に頒《わか》る。

両町の侠声《きゃんせい》鳴いて住《や》まず　喧嘩已に過ぐ棒撞きの顔。

（早朝、人々のつく悪口が仲裁人の間を飛び交っている。遠方の口論でも、一日で敵と味方が分かれる。二つの町の男たちの声は途切れることがない。喧嘩はすでに終わり、棒を持った人は間抜けな顔をしている）

○悪態：憎まれ口をきくこと。悪口。

○障人：さへにん（支人）。喧嘩や争いの間に入って止める人。

○遠方：千里ほどの遠いところ。遠方。

〈典拠〉『唐詩選』「早発㆓白帝城㆒」

朝辞白帝彩雲間　千里江陵一日還

両岸猿声啼不㆑住　軽舟已過万重山

朝に辞す白帝彩雲の間　千里の江陵一日にして還る。

両岸の猿声啼いて住《や》まず　軽舟已に過ぐ万重の山。

この狂詩も『唐詩選』を踏まえた狂詩である。両者を見比べると、詩題が似通い、「朝」「間」「千里」「一日」「両」「声」「鳴（啼）」「不㆑住」といった文字とその配置が共通しており、やはり訓読も似通っている。『唐詩選』「早発㆓白帝城㆒」は長江上流の名勝である白帝城の景色を詠むのに対して、『通詩選諺解』「早発㆓悪態言㆒」は江戸の町で起こる喧嘩の様子を詠んでいる。つまり、この狂詩は白帝城の雄大な景色を江戸の騒々しい日常の一コマへ読み換えることで、漢詩の雅な世界観を俗な世界観へと詠み換えたものなのである。

以上、大田南畝の狂詩三首を取り上げ、典拠と狂詩の比較を示した。南畝の狂詩は遊郭を題材にしたものが多く、教育現場では扱いにくいものも多いが、この三首であれば教育現場でも比較的扱いやすいと思われる。

これらの狂詩を用いた「古典探求」の言語活動としては、「イ　同じ題材を取り上げた複数の古典の作品や文章を読み比べ、思想や感情などの共通点や相違点について論述したり発表したりする活動」が最も取り組みやすいだろう。その際、白文の漢字や書き下しの語感を根拠とした比較読みを行うことで、文章中の語句を根拠として比較検討する意識付けも行える。また、狂詩とその典拠となった漢詩を読み比べる行為は、漢詩や狂詩、そして古典文学のパロディ(9)といった伝統的な言語文化そのものへの理解を深めることにも資するだろう。

## 四、小括

本章では、江戸時代の災害詩と狂詩を取り上げ、二〇一八年告示『高等学校学習指導要領』「古典探究」における教材としての可能性を示した。従来の漢文教育の中で、日本漢文が扱われることは少なかったが、江戸時代の漢文作品を活用することで、従来の中国文学中心の漢文教育とはひと味違った漢文教育が可能になると考える。

一方で、本章で扱った災害詩・狂詩については、研究者による十分な検討が進んでいない。研究者による基礎研究とその成果が、国語科教材の多様性の確保や、教員・学習者の関心に応じた国語科教育の実現へとつながることを意識し、研究と教育を架橋することが求められている。

### 注

(1) 文部科学省『高等学校学習指導要領』「古典探究」二〇一八年三月
(2) 前野直彬『漢文入門』ちくま学芸文庫、二〇一五年十二月、十八頁
(3) 江戸時代の災害を詠じた漢詩については、ロバート・キャンベル編『日本古典と感染症』(角川ソフィア文庫、二〇二一年三月)、松葉友惟「安政江戸地震と漢詩」(『近世文藝』一一四号、日本近世文学会、二〇二一年七月)などの論考がある。

（4）『湖山楼詩鈔（内題：火後憶得詩）』（慶応二年跋）に収録。底本は国文学研究資料館本（https://doi.org/10.20730/200008470　最終閲覧日：二〇二五年一月十四日）を用いた。

（5）書き下し文については、馮超鴻氏の多大なご協力を得た。記して感謝申し上げる。

（6）松葉友惟は第十二首の前半二句が諷刺になっていることから、後半二句の幕府への賞賛と期待の言葉を皮肉とも読めると指摘する。（松葉友惟「安政江戸地震と漢詩」（『近世文藝』一一四号、日本近世文学会、二〇二一年七月）

（7）日本古典文学大辞典編集委員会『日本古典文学大辞典』「狂詩狂文」の項（岩波書店、一九八四年一月）

（8）本文引用は濱田義一郎編『大田南畝全集』第一巻（岩波書店、一九八五年十二月）に拠る。

（9）このほか、『仁勢物語』（『伊勢物語』のパロディ）や『蜀山先生狂歌百人一首』（『百人一首』のパロディ）といった作品は、定番教材のパロディ作品であり、比較読みの教材として活用しやすいと思われる。

# おわりに

早稲田大学への西門通り商店街を入った左手角のゴミ集積スペースで、ダンボール片に書かれた「軠輪禁止‼」の文字を目にしたのはいつのことであったろうか。停められた二輪車《バイク》は、朝一番の授業に遅刻すまいと乗りつけた学生が、ここぞとばかりに置いたものらしい。「駐」ならざる「軠」字を書いた文字は、迷惑の主に向けて無言のメッセージを放っているが、相手が二輪車だけに「車」偏を重ねた表記が対の思想にもかなって絶妙の美学の中に眩しく輝いて見えた。

当時、通りには何軒かの古書店も営業していたので、成るほど古書肆が息づく早稲田の街並みに相応しい光景と目に強く焼き付くとともに、研究室でさっそく『大漢和辞典』を繰れば、確かに「軠」字があるではないか。二重の驚きを吹聴したからであろうか、教員図書室では図書館を「⼕」と略記することなどを教えてもらった。

こうした日常的な生活の中から教学に生かし得る話題も増え、いつしか教育総合研究所の公募研究に重ねて応募・採択されることにもなったと記憶する。今回、二〇二三・二四年度の研究部会は、「新高等学校国語科目「古典探究」の教材研究」をテーマに掲げる。

高等学校国語教科が二〇一八年告示「高等学校学習指導要領」によって新しい構成となったことは、周知の通りである。共通必履修科目「現代の国語」・「言語文化」（各二単位）が二〇二二年度にスタートし、年次進行により選択科目「論理国語」・「文学国語」・「国語表現」・「古典探究」（各標準四単位）が翌二〇二三年四月に開始となった。その中で、「古典探究」は、小・中学校の国語や高等学校の「言語文化」により涵養された「伝統的な言語文化に関する理解」をより深め、先人のものの見方・感じ方・考え方に親しみつつ、伝え合う力を高め生涯にわたって古典に親しみ自己を向上させることを狙いとして構想される。国際化や情報化が急速に進展する中で、我が国と外国の文化の関係や古典への関心を拓き探究するとの考えがその根底に流れる。教材は、近世までに書かれた「古典としての古文及び漢文」とし、「日本漢文」（上代から近世の間に日本人が作った漢詩と漢文）を含め、「近代以降の文語文や漢詩文、古典についての評論文など」を用いることができることを明記する。ここに加味された教材的な事項に着眼して、教科と教材の位置づけと養成される力を俯瞰的に考察し教学の方法や補助的教材等を含めて研究することを目的としたのが本研究部会である。

その活動を展開する中で、部会員の半数がその前の二年間活動した「言語文化」に関する部会にも参画していたので、その成果をも取り入れて、各自が企図した研究テーマの焦点化につとめることにもなった。しかも意見交換を重ねるにつれて、研究を一つの書物にまとめる機運も芽生え、「早稲田教育叢書」への応募・採択の道筋が拓かれるに到ったことは幸運なことであった。ここに「早稲田教育叢書44」として上梓される本書『「古典探究」の漢文関連教材をめぐる実践と研究』は、貴重な活動の記録にして何よりホットな研究成果に他ならない。多謝！

研究部会活動は幕を閉じることになるが、また別のプロジェクトへの芽も育ちつつある。エネルギーを備蓄して、更なる活動の実現に向けて展開できることを念じている。教職の世界は「ブラック」の語とともに浮沈が懸念されるのをはじめ、諸事変容変革の世相にあって、多くの方々が教育総合研究所の活動の趣旨を汲んで、多岐多様な活動を展開されんことを期待してやまない。

二〇二五年二月十日

定年退職を控えて

部会主任　堀　誠

## 〔研究活動記録〕

＊二〇二三年度

第一回：二〇二三年六月十日（土）十五時～十七時　Zoom

①活動の打合せ

②「古典探究」という科目について……林　教子（特別研究所員）

第二回：二〇二三年七月二十八日（土）十五時～十七時　Zoom

①「古典探究」の比較文学的教材を考える……堀　誠（部会主任）

②新科目「古典探究」における探究の可能性について―漢文教材〈思想〉の分析と活用を中心に―
……李　軍（特別研究所員）

第三回：二〇二三年九月三十日（土）十五時～十七時　Zoom

①「古典探究」の教材を考える―早野巴人と夜半亭―……堀　誠（部会主任）

②嵯峨朝の二人の女流詩人―その作品の教材化の可能性を考える―……濱田　寛（特別研究所員）

第四回：二〇二三年十一月二十五日（土）十五時～十七時三十分　Zoom

①『古典探究』の採録教材と言語活動―比べ読みに注目して―……佐竹　知佳（特別研究所員）

②学習者たちの言語文化は古典探究へと連環するか……永瀬　恵子（青山学院大学）

第五回：二〇二四年一月二十七日（土）十五時～十八時

①句題和歌と「上陽白髪人」……吉田　茂（特別研究所員）

②日本の国語教材と中国の語文教材―『日本語文教科書里的中国』の翻訳から考える―……鄒　波（復旦大学）

＊二〇二四年度

第一回：二〇二四年六月一日（土）十五時～十六時　Zoom

①活動内容およびスケジュール

②発表者（講師）推薦

第二回：二〇二四年六月二十九日（土）十五時～十七時三十分　Zoom
①近世漢文の多様性　笑いと写実性……荻原　大地（昭和女子大学）
②「古典探究」のカリキュラムと『奥の細道』「平泉」の授業（実践報告と展望）……加賀美　遥（横浜共立学園）
第三回：二〇二四年八月四日（日）十六時～午後十七時三十分　Zoom
①「古典探究」の教材をめぐって……橘　和久（城北中学校・高等学校）
②打ち合わせ（「早稲田教育叢書」採択に伴う論文作成について）
第四回：二〇二四年十二月二十一日（土）十五時三十分～十七時十五分　Zoom
①漢文関連教材二題……堀　誠（部会主任）
②「早稲田教育叢書」の件
第五回：二〇二五年一月二十五日（土）十五時～十八時　Zoom
①教科書教材としての斎藤拙堂「梅渓遊記」……西永香奈子（神奈川県立保健福祉大学）
②「楓橋夜泊」をめぐる諸問題……井上　一之（特別研究所員）
③張継「楓橋夜泊」に対する持ち寄り討議・提案

## 執筆者一覧

| | |
|---|---|
| ＊堀　　誠 | 早稲田大学教育・総合科学学術院　教授　博士（学術）早稲田大学 |
| 橘　　和久 | 城北中学校・高等学校　教諭 |
| 林　　教子 | 文部科学省　教科書調査官　博士（教育学）早稲田大学 |
| 宮　　利政 | 開成中学・高等学校　教諭 |
| 齋藤　彰子 | 宮城県立高等学校　教諭 |
| 吉田　　茂 | 早稲田大学・早稲田大学本庄高等学院　非常勤講師<br>元早稲田大学本庄高等学院長 |
| 永瀬　恵子 | 昭和女子大学附属昭和中学校・高等学校　教諭<br>博士（教育学）早稲田大学 |
| 井上　一之 | 群馬県立女子大学文学部　教授　博士（文学）早稲田大学 |
| 李　　軍 | 早稲田大学　非常勤講師　博士（教育学）早稲田大学 |
| 佐竹　知佳 | 早稲田大学　非常勤講師　博士（学術）早稲田大学 |
| 中村みどり | 早稲田大学商学学術院　教授　博士（文学）東京都立大学 |
| 濱田　　寛 | 聖学院大学人文学部　教授　博士（学術）早稲田大学 |
| 荻原　大地 | 昭和女子大学人間文化学部　専任講師　博士（学術）早稲田大学 |

（執筆順　＊編著者）



「古典探究」の漢文関連教材をめぐる実践と研究　［早稲田教育叢書44］

2025年３月10日　第１版第１刷発行

編著者　堀　　誠

編纂所　早稲田大学教育総合研究所
〒169-8050　東京都新宿区西早稲田１－６－１　電話　03（5286）3838

発行者　田　中　千津子

発行所　株式会社　学　文　社

〒153-0064　東京都目黒区下目黒３－６－１
電　話　03（3715）1501（代）
ＦＡＸ　03（3715）2012
http://www.gakubunsha.com





印刷所　東光整版印刷株式会社

落丁・乱丁の場合は、本社でお取替えします
定価はカバー・売上カード表示

ISBN 978-4-7620-3418-3